Datensicherheit

D1722712

EBOOK INSIDE

Die Zugangsinformationen zum eBook inside finden Sie
am Ende des Buchs.

Thomas H. Lenhard

Datensicherheit

Technische und organisatorische
Schutzmaßnahmen gegen Datenverlust und Computerkriminalität

2., erweiterte und aktualisierte Auflage

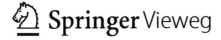

Thomas H. Lenhard
Comenius Universität
Bratislava, Slowakei

ISBN 978-3-658-29865-4   ISBN 978-3-658-29866-1 (eBook)
https://doi.org/10.1007/978-3-658-29866-1

Die Deutsche Nationalbibliothek verzeichnet diese Publikation in der Deutschen Nationalbibliografie; detaillierte bibliografische Daten sind im Internet über http://dnb.d-nb.de abrufbar.

Springer Vieweg
© Springer Fachmedien Wiesbaden GmbH, ein Teil von Springer Nature 2017, 2020

Springer Vieweg ist ein Imprint der eingetragenen Gesellschaft Springer Fachmedien Wiesbaden GmbH und ist ein Teil von Springer Nature.
Die Anschrift der Gesellschaft ist: Abraham-Lincoln-Str. 46, 65189 Wiesbaden, Germany

Inhaltsverzeichnis

1   Einleitung 1

2   Datenschutz und Datensicherheit 3

3   Wie Computer miteinander kommunizieren 5

4   Was kann mit Daten geschehen?............................. 15

5   Gefahren im technischen Umfeld 17

6   Gefährliche Software 27
    6.1   Das Trojanische Pferd 29
    6.2   Der Virus 34
    6.3   Die logische Bombe 37
    6.4   Der Keylogger... 38
    6.5   Der Sniffer.. 39
    6.6   Die Hintertür 43

7   Wechseldatenträger, USB-Geräte, Smartphones und andere
    mobile Geräte... 45

8   Telefonsysteme 49

9   Die größte Gefahr in einer digitalisierten Welt 55

10   Zerstörung von Daten 59

11   Datensicherung und Wiederherstellung von Daten............... 65

12   Verschlüsselung.. 69

13 Hacken von Webseiten 75

14 Häufige Sicherheitsprobleme. 79

14.1 Arbeitskonsolen, die nicht gesperrt werden 79

14.2 Druckerstationen und Multifunktionsgeräte 80

14.3 Arbeiten mit Administratorrechten 80

14.4 Das Internet der Dinge und industrielle Steuerungsanlagen. 81

15 Identifizierung von Computern und IP-Adressen 83

16 Die Firewall 87

17 Der Router. 91

18 Konfiguration von Schutzsystemen. 95

19 Die Demilitarisierte Zone. 103

20 Organisatorische Datensicherheit. 109

21 Merksätze 111

Schlusswort 115

Literatur. 117

Stichwortverzeichnis. 119

Abkürzungsverzeichnis

Cat-7	Cable Category 7
CCC	Chaos Computer Club
CTI	Computer Telephony Integration
DBMS	Data Base Management System
DHCP	Dynamic Host Configuration Protocol
DMZ	Demilitarisierte Zone
DNS	Domain Name Service
EN 50173-1	European Normative 50173-1:2011 about Information technology – Generic cabling systems – Part 1: General requirements
ERP	Enterprise Resource Planning
FTP	File Transport Protocol
HTTP	Hypertext Transfer Protocol
HTTPS	Hypertext Transfer Protocol Secure
IP	Internet Protocol
ISO	International Organization for Standardization
LLC	Logical Link Control
MAC	Media Access Control
NAS	Network Attached Storage
NTFS	New Technology File System
NTP	Network Time Protocol
PBX	Private Branch Exchange (Telefonanlage)
PGP	Pretty Good Privacy
POP	Post Office Protocol
RFID	Radio Frequency Identification

RJ45	Registered Jack 45
SFTP	Secure File Transport Protocol
SMTP	Simple Mail Transfer Protocol
SQL	Structured Query Language
SSH	Secure Shell
SSL	Secure Sockets Layer
TCP	Transaction Control Protocol
Telnet (TNP)	Telecommunication Network Protocol
TLS	Transport Layer Security
UNC	Uniform Naming Convention
USB	Universal Serial Bus
USV	Unterbrechungsfreie Stromversorgung
VoIP	Voice over IP (Internet Protocol)
VPN	Virtual Private Network

Abbildungsverzeichnis

Abb. 3.1   Das OSI-Schichtenmodell.   7
Abb. 3.2   Zusatzinformationen im Adressfeld des Browsers   12
Abb. 3.3   Ping.   13

Abb. 5.1   Ein Serverschrank im tiefsten Keller des Gebäudes   18
Abb. 5.2   Eine Stahlwanne zum Schutz von IT-Anlagen vor Rohrleitungen . . .   20
Abb. 5.3   Chaos in einem Teil eines klinischen „Rechenzentrums".   22

Abb. 6.1   Wireshark bei der Analyse von Datenbankabfragen.   40

Abb. 8.1   Trennung von IT- und Telefonnetzwerk   52

Abb. 10.1 Kaliber .44 Magnum und andere kreative Ideen eignen sich
           nicht als sichere Methode der Datenvernichtung   62

Abb. 19.1 Positionierung eines DMZ-Netzwerks 104

Tabellenverzeichnis

Tab. 3.1   Dienste und Portnummern 11

Einleitung

1

Zusammenfassung

Datensicherheit ist ein untrennbarer Bestandteil des Datenschutzes. Während Datenschutz durch nationale oder internationale Gesetze definiert wird und damit weltweit größten Unterschieden unterworfen ist, wird nahezu überall auf der Welt die gleiche Technik eingesetzt, so dass damit zu rechnen ist, dass sich Probleme der Datensicherheit überall auf der Welt zumindest ähneln. Die Einleitung zu dieser Publikation geht hier besonders auf den Umstand ein, dass ein weltweites Netzwerk auch grenzüberschreitende Probleme und Herausforderungen mit sich bringt.

Das Datenschutzrecht unterscheidet sich von Nation zu Nation und variiert manchmal sogar innerhalb einer Nation von Region (Bundesland, Kanton, Departement etc.) zu Region. In einer globalisierten Welt mit einem fast uneingeschränkten Datenverkehr über das Internet enden Aktivitäten und kriminelle Taten allerdings an keiner nationalen Grenze. Natürlich gibt es hierbei auch Ausnahmen: In einigen Staaten, in denen Konzepte wie Freiheit oder Menschenrechte anders interpretiert werden als in der restlichen Welt, muss mitunter mit Einschränkungen im Internet und im freien Zugang zu Informationen gerechnet werden. Die vorliegende Publikation befasst sich mit grundlegenden Fragen der Datensicherheit. Daher werden politische Standpunkte und Anschauungen hier nicht diskutiert. Während gesetzliche Regelungen in unterschiedlichen Nationen oder Bundesstaaten dieser Welt

© Springer Fachmedien Wiesbaden GmbH, ein Teil von Springer Nature 2020
T. H. Lenhard, *Datensicherheit*, https://doi.org/10.1007/978-3-658-29866-1_1

sich zum Teil elementar unterscheiden, verwenden wir täglich dieselben Betriebssysteme, dieselben Servertypen, dieselbe Hardware, gleiche Notebooks, Drucker
und andere EDV-Anlagen. Und das vollkommen unabhängig vom Land, in dem
wir leben oder arbeiten. In jenem Moment, in dem diese Zeilen geschrieben werden, ist es möglich, dass Kriminelle von irgendwo auf der Welt versuchen, den
Computer des Autors, der sich momentan in Deutschland befindet, anzugreifen.
Das Internet macht es möglich, Millionen von Computern weltweit anzugreifen,
während der Angreifer bequem zu Hause in seinem Wohnzimmer sitzt.

Im Kontext dieser Publikation verstehen wir das Internet als unbegrenztes, weltweites Netzwerk mit hohem Gefährdungspotential. Ein solches Netzwerk war nur
aufgrund technischer Standards realisierbar. Der Umstand, dass wir weltweit aner-
kannte und verwendete Kommunikationsstandards nutzen, um Dateien, Nachrichten und Informationen über das Internet von einem Ende der Welt zum anderen zu
transportieren, sowie die allgegenwärtigen Bedrohungen im Rahmen der Internet-
nutzung, resultieren bei tieferer Betrachtung der Gesamtsituation in einem Axiom,
das den Betrachtungen dieser Publikation zugrunde liegen soll:

**Maßnahmen der Datensicherheit sind weltweit in identischer Form
umsetzbar.**

Aber selbst wenn technische Methoden – theoretisch – überall in der Welt verwendet werden können, möchte der Autor dieses Buches, dass Sie keinesfalls in
Konflikt mit nationalem oder lokalem Recht geraten. Also: Denken Sie bitte daran,
dass der Gebrauch von einigen technischen Methoden, Geräten oder auch von bestimmter Software in Ihrem Land gesetzlich verboten oder beschränkt sein könnte.
Es gibt derzeit viele Staaten weltweit, die gesetzliche Einschränkungen kennen,
wenn es zum Beispiel um die Verwendung von Kryptographie und Verschlüsse-
lungssystemen geht. An dieser Stelle soll allerdings schon darauf hingewiesen werden, dass Gefahren für Daten und Systeme nicht nur im Internet lauern.

In den folgenden Kapiteln werden die Grundlagen der Computertechnik erläutert, die notwendig sind, um das Ausmaß und die Gefahr von Internetkriminalität
zu verstehen. Insbesondere werden auch sonstige Gefahren im Hinblick auf die
Datensicherheit beschrieben und es werden Lösungsansätze vorgestellt, wie Systeme gesichert werden können.

Datenschutz und Datensicherheit 2

Zusammenfassung

Datenschutz ist ohne Datensicherheit nicht denkbar. Aber Datensicherheit umfasst weitaus mehr, als nur Maßnahmen zum Schutz personenbezogener Daten. Der Begriff der Datensicherheit ist auch keinesfalls auf die Abwehr von Hackerangriffen beschränkt. Dieses Kapitel gibt daher einen ersten Einblick in Umfang und Aufgaben der Datensicherheit.

Sucht man im Internet nach den Begriffen Datenschutz und Datensicherheit, so findet man dort zahlreiche Definitionen, die sich zum Teil grundlegend voneinander unterscheiden. Eine einheitliche und übliche Definition dessen, was Datenschutz darstellt oder umfasst, verknüpft diesen Terminus untrennbar mit dem Schutz personenbezogener Daten. Wenn Sie zum Beispiel auf der Webseite der Europäischen Gemeinschaft nach dem Begriff Datenschutz suchen, werden Sie direkt zum Kap. „Schutz personenbezogener Daten"[1] weitergeleitet. Die vorliegende Publikation folgt einer derartigen Begriffsbestimmung des Terminus „Datenschutz". Diese Bezeichnung wird daher im Folgenden als allgemeiner Begriff für den Schutz personenbezogener Daten verwendet. Gleichzeitig kann die Daten-

---

[1] http://ec.europa.eu/justice/data-protection/. Zugegriffen am 28.12.2016.

© Springer Fachmedien Wiesbaden GmbH, ein Teil von Springer Nature 2020
T. H. Lenhard, *Datensicherheit*, https://doi.org/10.1007/978-3-658-29866-1_2

sicherheit als wesentlicher Bestandteil des Datenschutzes verstanden werden, der technische und organisatorische Maßnahmen[2] beschreibt. Während der Fokus des Datenschutzes nur auf personenbezogene Daten gerichtet ist, kennt die Datensicherheit keine Trennung zwischen personenbezogenen und nicht personenbezogenen Daten. Soweit Sicherheitseinrichtungen, wie zum Beispiel eine Firewall, (siehe Kap. 16) installiert sind, um das Computernetzwerk eines Unternehmens oder einer Institution zu schützen, werden derartige Maßnahmen alle Arten von Daten im Firmennetzwerk vor externen Angriffen über das Internet schützen.

Dabei spielt es aus dem Blickwinkel der Technik betrachtet keine Rolle, ob es sich bei den geschützten Daten um Patente, chemische Formeln, Wirtschaftsdaten, Baupläne oder um personenbezogene Daten handelt.

Der Fokus der vorliegenden Publikation zielt auf die Datensicherheit. Daher wird in den folgenden Kapiteln nicht zwischen Daten mit oder ohne Personenbezug getrennt. Vielmehr wird im Folgenden nur der abstrakte Begriff „Daten" verwendet. Hinsichtlich des Themas Datensicherheit, welches hier behandelt wird, muss jedoch darauf hingewiesen werden, dass sich dessen Umfang keinesfalls auf die Vorgänge beschränkt, die innerhalb von Computern oder Computernetzwerken ablaufen. Vielmehr befasst sich diese Disziplin auch mit Fragen des Brandschutzes oder der Abwehr von Spionage und Sabotage.

---

[2] DIRECTIVE 95/46/EC Of the European Parliament and of the Council of 24 October 1995 on the protection of individuals with regard to the processing of personal data and on the free movement of such data.

Wie Computer miteinander kommunizieren

3

Zusammenfassung

Will man eine komplexe Maschine reparieren, so ist es zuallererst notwendig zu wissen, wie diese funktioniert. Anders verhält es sich auch nicht mit dem hochkomplexen Thema der Datensicherheit. Bevor man Gefahren für die Sicherheit von IT-Anlagen richtig einschätzen kann, ist es notwendig zu wissen, wie diese Anlagen arbeiten und insbesondere auch wie Computer miteinander kommunizieren. Dieses Kapitel vermittelt daher grundlegendes Wissen, um zu verstehen, wieso immer wieder Sicherheitsprobleme im Umfeld der Computerkommunikation auftreten.

Ein Computervirus kann nur dann einen Rechner infizieren, wenn dieser Computer mit anderen lokalen Rechnern oder mit anderen Computersystemen im Internet kommuniziert. Zwar gibt es noch den Weg, über externe Datenträger einen Rechner zu infizieren, jedoch wird sich definitiv kein Computervirus auf einem isolierten Rechner von selbst entwickeln. Damit ein Computersystem infiziert wird, ist es immer notwendig, dass irgendein Kontakt mit der Außenwelt zustande kommt.

Dies kann, wie bereits erwähnt, durch den Transport eines Schadprogramms auf einem externen Gerät erfolgen, das mit dem Computer verbunden wird. Oder, um im Kontext der Kommunikation zu bleiben, das System kann über das Internet in-

© Springer Fachmedien Wiesbaden GmbH, ein Teil von Springer Nature 2020
T. H. Lenhard, *Datensicherheit*, https://doi.org/10.1007/978-3-658-29866-1_3

fiziert werden, wobei der Virus oder das Schadprogramm dann von einem anderen
Rechner oder Server im Internet auf das jeweilige System übertragen wird.

Um ein besseres Verständnis für Aktivitäten und Maßnahmen im Zusammenhang mit der Datensicherheit, wie sie in diesem Buch beschrieben werden, zu entwickeln, erscheint es sinnvoll, zunächst zu erklären, wie Computer miteinander
kommunizieren. Die am meisten verwendeten Protokolle in der „Computerwelt"
sind TCP/IP.[1]

Obwohl es auch andere Protokolle gibt, die anstelle von TCP/IP verwendet werden könnten, wie zum Beispiel SPX/IPX, werden hier die ersteren Protokolle betrachtet, da ihre Bedeutung wie auch ihre Verbreitung diejenigen alternativer Protokolle auf den jeweiligen Kommunikationsebenen weit übertreffen. Die
Encyclopaedia Britannica erklärt ein Protokoll im Rahmen der Vernetzung als „*eine
Reihe von Regeln oder Verfahren für die Übertragung von Daten zwischen elektronischen Geräten, wie z. B. zwischen Computern. Um dabei Informationen austau-
schen zu können, muss es eine vorherige Vereinbarung darüber geben, wie die Informationen strukturiert werden und wie jede Seite sie senden und empfangen wird*".[2]

Unabhängig davon, ob wir einen Internetbrowser verwenden, um eine Webseite
zu besuchen oder ob wir von unserem Tablet-PC oder von unserem Smartphone
eine Verbindung zu einem Server unseres Unternehmens herstellen möchten, benötigt es dazu immer einer Verbindung und entsprechender Protokolle, um die
Kommunikation aufzubauen. Die Art und Weise, wie diese netzbasierte Kommunikation verwirklicht wird, wird in einem siebenstufigen Modell definiert. Das Modell wird im Allgemeinen als OSI-Schichtenmodell[3] bezeichnet, wobei OSI als
Abkürzung für „Open System Interconnection"[4] steht. Die Schichten werden dabei
auch entsprechend der englischen Namensgebung als Layer bezeichnet (Abb. 3.1).
Im Folgenden wird dieses Modell als Grundlage für das Verständnis weiterer Beschreibungen in diesem Buch erläutert.

Die Schichten/Layer des Modells werden beginnend mit der niedrigsten Ebene
nummeriert. Stufe 1 steht für die physikalische Schicht einer Verbindung. Diese
Ebene beschreibt das physikalische Übertragungsmedium beziehungsweise den
physikalischen Übertragungsweg. Das kann ein Kupferkabel oder ein Glasfaser-
kabel sein. Es kann allerdings ebenso eine Funkverbindung, eine optische Verbindung oder eine Kombination aus mehreren Übertragungsmedien sein. Auch wenn

---

[1] Transaction Control Protocol/Internet Protocol.

[2] http://www.britannica.com/EBchecked/topic/410357/protocol. Zugegriffen am 17.04.2017.

[3] Vgl. Hunt, TCP/IP Netzwerk Administration, 1. Aufl. O'Reilly International Thomson Verlag, Bonn, 1995.

[4] ISO/IEC 7498-1.

Abb. 3.1 Das OSI-
Schichtenmodell

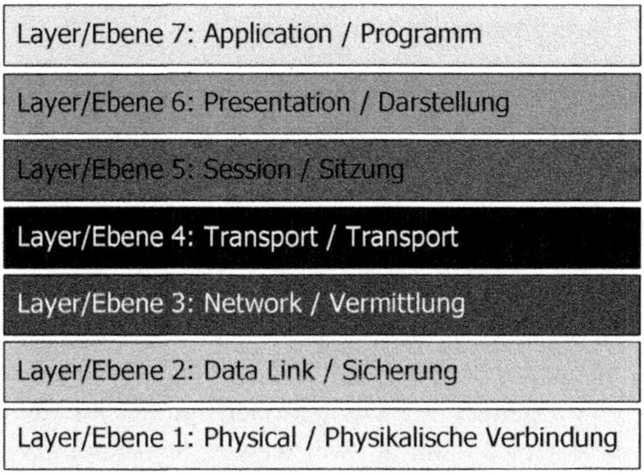

| Layer/Ebene 7: Application / Programm |
| Layer/Ebene 6: Presentation / Darstellung |
| Layer/Ebene 5: Session / Sitzung |
| Layer/Ebene 4: Transport / Transport |
| Layer/Ebene 3: Network / Vermittlung |
| Layer/Ebene 2: Data Link / Sicherung |
| Layer/Ebene 1: Physical / Physikalische Verbindung |

diese Ebene (Layer) die unterste Schicht des OSI-Modells darstellt, werden hier am häufigsten Ursachen für Kommunikationsprobleme in Netzwerken gefunden.

Innerhalb der Ebene 1 (Physical Layer) des OSI-Schichtenmodells wird Hochfrequenztechnik eingesetzt. Hier werden zugleich grundlegende Protokolle festgelegt, wie Bits entsprechend der Spezifikationen des eingesetzten Mediums gesendet und empfangen werden. Daher kann diese Schicht durchaus als die komplexeste Ebene des OSI-Modells angesehen werden.

Die zweite Schicht (Data Link Layer) des beschriebenen Modells ist die Datenverbindungsschicht. Das am meisten bekannte Element auf dieser Ebene dürfte die MAC[5]-Adresse (MAC) sein.

Die MAC ist eine eindeutige physikalische Netzwerkkennung, die den Netzwerkadapter identifiziert. Da diese MAC-Adresse – zumindest theoretisch – weltweit einzigartig ist, kann der Hersteller eines Netzwerkadapters oder einer Netzwerkkarte in den meisten Fällen identifiziert werden, weil die MAC-Adresse einen Herstellercode enthält. MAC-Adressen werden in hexadezimaler Schreibweise oder in einem gemischten Code geschrieben, der die Hersteller-ID im Klartext anzeigt. Wie im folgenden Beispiel gezeigt, kann die MAC-Adresse den Hersteller von IT-Geräten identifizieren. Da heutzutage die meisten großen Fertigungsunternehmen nach ISO 9000 arbeiten und entsprechend zertifiziert sind, ist es möglich, Typ und Seriennummer von Geräten anhand ihrer MAC-Adresse zu identifizieren. Das nachfolgende Beispiel zeigt zwei Schreibweisen für ein und dieselbe MAC-Adresse.

---

[5] Media Access Control.

Schreibweise MAC-Adresse

MAC (hexadezimale Schreibweise):	7F A0 00 1F 69 CF
MAC (gemischte Schreibweise):	<FIRMA > 1F 69 CF

Wie in diesem Beispiel gezeigt wurde, kann der (hier willkürlich gewählte) Hex-Code 7F A0 00 einen Hersteller identifizieren. In vielen Fällen ist es auch möglich, den Weg vom Fertigungsunternehmen zum Kunden/Nutzer zu verfolgen, insbesondere wenn Geräte über einen Direktvertrieb an Kunden geliefert werden. Entsprechendes wird aber in Kap. 15 noch eingehend erläutert.

Zur Schicht 2 des OSI-Modells gibt es allerdings noch einiges mehr zu erklären: Layer 2 kann in zwei weitere Schichten unterteilt werden. Eine Teilschicht befasst sich mit der MAC-Adresse, was bereits angesprochen wurde. Die zweite Teilschicht innerhalb des zweiten Layers ist das LLC[6]-Teil. Diese logische Verbindungssteuerung ist der Teil von Layer 2, der mit Layer 3 kommuniziert, während der MAC-Teil mit der physikalischen Schicht, also mit Layer 1 kommuniziert.[7]

Layer 3 wird entsprechend der Übersetzung aus dem Englischen als Netzwerkschicht bezeichnet. Dies ist ein wenig verwirrend, denn alle Ebenen des OSI-Modells sind wesentliche Bestandteile der funktionierenden Netzwerkkommunikation. In anderen Sprachen als der Englischen wird diese Schicht daher manchmal mit Begriffen bezeichnet, die Vermittlung oder Austausch bedeuten. Die Aufgabe dieser Ebene besteht darin, sicherzustellen, dass Pakete zwischen Sender und Empfänger den richtigen Weg finden. Das bekannteste Protokoll, das auf dieser Schicht arbeitet, ist die IP.[8] Daher gehören Netzwerkadressen, wie zum Beispiel die IP-Adresse, zu dieser Schicht.

Die vierte Ebene des OSI-Modells repräsentiert die Transportschicht. Das am häufigsten verwendete Protokoll dieser Schicht ist TCP.[9] Dieses Protokoll arbeitet mit Datenpaketen, in welchen Nachrichten beziehungsweise Teile von Nachrichten transportiert werden. Teile von Nachrichten werden daher transportiert, da ein Datenpaket eine vordefinierte Größe besitzt und damit die Nutzlast des Pakets begrenzt ist. Entsprechend müssen Nachrichten oder Dateien, die über eine Netzwerkverbindung übertragen werden, auf mehrere Datenpakete verteilt werden. Um sicherzustellen, dass der empfangende Computer eine Nachricht oder eine Datei in

---

[6] Logical Link Control.

[7] http://www.netzwerke.com/OSI-Schichten-Modell.htm. Zugegriffen am 31.03.2016.

[8] Internet Protocol.

[9] Transmission Control Protocol.

der richtigen Reihenfolge zusammensetzt, verwenden die Pakete Sequenznummern. Wenn also, um ein Beispiel zu wählen, ein Text zu lang für ein Paket ist, wird er auf mehrere Pakete aufgeteilt. Der Empfänger (Computer) wird die Inhalte dieser Pakete entsprechend der mitgesendeten Sequenznummern wieder zusammenfügen.

Wenn der übermittelte Inhalt von TCP-Paketen nicht verschlüsselt ist, können relativ einfach Nachrichten, Kennworte oder andere übertragene Texte durch unberechtigte Dritte mitgelesen werden, soweit eine Möglichkeit besteht, die Datenpakete eines Kommunikationsvorgangs zu protokollieren. Derartige Probleme werden in Kap. 6.5 gesondert betrachtet.

Die fünfte Ebene des OSI-Modells wird Sitzungsebene (engl. Session Layer) genannt. Die Hauptzwecke dieser Ebene bestehen darin, eine Sitzung zu etablieren und mittels der Verwendung von Synchronisationspunkten eine fehlertolerante Synchronisation zu gewährleisten. Auf dieser Ebene finden sich Protokolle wie FTP,[10] SMTP,[11] HTTP,[12] POP[13] oder Telnet (TNP).[14]

Um Verwirrungen vorzubeugen, muss an dieser Stelle allerdings erwähnt werden, dass einige Protokolle, wie zum Beispiel HTTP, auch auf höheren Ebenen als auf der fünften Schicht gefunden werden.

Ebene 6 und Ebene 7 beschreiben die Darstellungs- und Anwendungsschichten (auch: Applikationsschicht) des OSI-Schichtenmodells. Ebene 6 verwendet Code-Seiten, also vordefinierte Zeichensätze, um sicherzustellen, dass die Daten in einer lesbaren Art und Weise präsentiert werden.

Wie die Bezeichnung der Ebene 7 bereits impliziert, handelt es sich dabei um die Schicht, auf welcher Dateneingabe und Datenausgaben erfolgen.

Bevor wir uns nun über unterschiedlichste Gefahren und den Schutz unserer Daten Gedanken machen können, sind allerdings noch einige grundlegende Erläuterungen erforderlich: Dienste sind Anwendungen oder Programme, die als Hintergrundprozesse permanent auf einem Computer ausgeführt werden können. Solche Dienste können sehr unterschiedlichen Zwecken und Aufgaben dienen.

Wenn wir zum Beispiel Dateien von einem entfernten Server durch das File Transport Protocol FTP auf unser lokales System laden wollen, ist es notwendig, dass der FTP-Server-Dienst auf diesem entfernten Server läuft. Ein solches Programm wird üblicherweise nicht auf einem Desktop angezeigt, während es ausge-

---

[10] File Transport Protocol.

[11] Simple Mail Transfer Protocol.

[12] Hypertext Transfer Protocol.

[13] Post Office Protocol.

[14] Telecommunication Network Protocol.

führt wird. Beim FTP-Dienst, welcher auch FTP-Service genannt werden kann, handelt es sich um einen „klassischen" Hintergrundprozess, der meistens bereits unmittelbar nach Einschalten des Rechners und nach dem Laden des Betriebssystems gestartet wird.

Aber wie findet ein Rechnersystem diesen Dienst im Netzwerk? Der Rechner, welcher den entsprechenden Dienst auf einem entfernten Server ansprechen beziehungsweise nutzen möchte, verwendet zunächst die IP-Adresse (OSI-Schicht 3), um mit dem richtigen Server zu kommunizieren. Woher weiß aber der Server, der sich irgendwo im Internet befindet, dass unser lokaler Rechner mit dem FTP-Dienst kommunizieren möchte? Insbesondere stellt sich diese Frage vor dem Hintergrund, dass auf Servern häufig mehrere verschiedene Dienste (zum Beispiel HTTP, HTTPS[15]) gleichzeitig laufen. Dienste, die über ein Netzwerk kommunizieren, verwenden sogenannte Ports oder Portnummern als zusätzliche Kennung. Derartige Zusatzkennungen sind weltweit standardisiert. Wo immer wir mit einem Standard-FTP-Protokoll kommunizieren möchten, verwenden wir die Portnummer 20 für die Datenübertragung und die Portnummer 21 für Befehle.[16] Das bedeutet schließlich nichts anderes, als dass für die Einrichtung einer Remote-Verbindung zu einem beliebigen Dienst die IP-Adresse und die Portnummer notwendig sind. Die Kombination aus beidem wird als **Socket** bezeichnet. Tab. 3.1 zeigt beispielhaft einige Dienste mit ihren zugehörigen Portnummern.

Systemports verwenden Portnummern zwischen 0 und 1023. Von 1024 bis 49151 werden die Ports als Benutzerports (engl. User Ports) bezeichnet. Im Bereich zwischen 49152 und 65535 wird nach dynamischen oder privaten Ports unterschieden.[17]

Da ein Socket zum Herstellen einer Verbindung mit einem speziellen Dienst verwendet wird, ist es notwendig, dass dieser angesprochene Dienst auch auf eingehende Anforderungen reagiert. Er „horcht" (vom engl. listening) quasi permanent, ob irgendeine Nachricht an ihn eingeht. Wie wir später noch sehen werden, kann dieser Umstand zu massiven Sicherheitsproblemen führen.

In diesem Kapitel haben wir bislang etwas über Sockets erfahren, die aus Portnummern und IP-Adressen aufgebaut sind. Es wurde darüber hinaus erläutert, dass die IP-Adresse für die Identifizierung eines Computers und die Suche nach dem richtigen Weg für ein Datenpaket elementar ist. Daher ist es eine logische Konse-

---

[15] Hypertext Transfer Protocol Secure.

[16] Dausch, M., Netzwerke-Grundlagen S. 82, Herdt-Verlag, 2014.

[17] https://www.iana.org/assignments/service-names-port-numbers/service-names-port-numbers.txt. Zugegriffen am 31.03.2016.

Tab. 3.1 Dienste und Portnummern

Dienst/Service	Portnummer
FTP (Befehle)	21
SSH[a]	22
TELNET	23
SMTP	25
HTTP	80
POP3	110
NTP[b]	123
HTTPS	443
WHOAMI[c]	563

[a]Secure Shell
[b]Network Time Protocol
[c]whoami (who am I) gibt als Kommandozeilenbefehl den Benutzernamen zurück, mit der der Benutzer aktuell angemeldet ist

quenz, dass wir uns die IP-Adresse vor dem Ende des Kapitels auch noch näher betrachten müssen.

Die klassische IP-Adresse wird mittlerweile mit der Kurzform IP4 bezeichnet. Die Zahl vier wird deshalb hinzugefügt, um zu dokumentieren, dass die entsprechende IP-Adresse vier (4) Bytes verwendet, um die Adresse darzustellen. Eine solche IP-Adresse kann wie folgt aussehen:

192.168.2.17

Eine derartige IP-Adresse wird, wie bereits angesprochen, aus vier Bytes aufgebaut. Diese Bytes verwendet die IP4 jedoch nicht, um eine einzelne große Zahl zu definieren, sondern verteilt die Bytes auf vier Segmente, die jeweils durch einen Punkt getrennt sind. Jedes dieser Segmente hat also ein Byte zur Verfügung, um seinen Wert zu definieren. Da ein Byte aus acht Bits besteht, ist es nicht möglich, eine höhere Zahl als 255 mit dem Binärcode eines Bytes zu definieren. Daher wird die IP-Adresse (IP4) aus vier Zahlen aufgebaut, die alle im Bereich von 0 bis 255 liegen. Diese klassische IP-Adresse wird ergänzt durch eine Subnetzmaske (engl. Subnet Mask), die ebenfalls aus vier Segmenten besteht, die jeweils durch ein Byte definiert sind. Die Aufgabe dieser Subnetzmaske besteht darin, die IP-Adresse in zwei Segmente zu unterteilen. Diese Teile repräsentieren die Netzwerk-ID und die Computer-ID, identifizieren also sowohl den Computer wie auch das Netzwerk, dem dieser logisch zugeordnet ist.

Das folgende Beispiel zeigt, wie diese Unterteilung funktioniert:

Beispiel

IP-Adresse:	192.168.002.017 (Anmerkung: 002 = 2; 017 = 17)
Subnetzmaske:	255.255.255.000

In diesem Beispiel lautet die Netzwerk-ID „192.168.002" während die Computer-ID 017 ist. Würden wir die Subnetzmaske in „255.255.000.000" ändern, so würde die Netzwerk-ID „192.168" lauten, während die Computer-ID „002.017" wäre.

Das System der Trennung zwischen Netzwerk-ID und Computer-ID kann allerdings viel komplexer sein, da die Subnetzmaske auch andere Werte als 255 oder 000 annehmen kann. Sie könnten zum Beispiel auch den Wert 192 in einem Segment enthalten, so dass die Trennung zwischen Netzwerk-ID und Computer-ID innerhalb dieses Segments verlaufen würde. Dieses Detail wird jedoch für die weiteren Erklärungen nicht relevant sein. Die einzige Information, die wir diesbezüglich in Erinnerung halten sollten, besteht darin, dass Computer im gleichen Netzwerksegment eines lokalen Netzwerks nicht kommunizieren können, wenn die Subnetzmasken unterschiedlich sind.

Nun werden Sie fragen, wie dieses System aus IP-Adressen und Ports (IP-Adresse + Port = Socket) funktioniert, wenn über einen Web-Browser eine Verbindung zu einer Webseite irgendwo im Internet etabliert werden soll. Nehmen wir an, dass Sie die Webseite des Autors besuchen möchten. Dann können Sie die Webadresse „www.it-planung.com" in Ihren Browser einfügen und im nächsten Moment werden einige Informationen in der Adresszeile des Browsers ergänzt, wie es in Abb. 3.2 dargestellt ist. In diesem Beispiel wurde das Protokoll (HTTP) dem Adressfeld automatisch hinzugefügt. Dieses Protokoll wird durch die Portnummer 80 dargestellt (siehe Tab. 3.1). Die Webadresse (www.it-planung.com) wird im Internet auf speziellen DNS[18]-Servern in eine IP-Adresse übersetzt.

In diesem Beispiel war die Adresse der Webseite während des Tests die IP 217.160.231.189. Die IP-Adresse einer Webseite ist leicht herauszufinden. Dazu

Abb. 3.2 Zusatzinformationen im Adressfeld des Browsers

---

[18] Domain Name Service.

braucht es nur die Command Shell[19] eines Rechners, der Verbindung zu Internet hat. Der Befehl „Ping" fragt dann die IP-Adresse eines angegebenen Ziels ab und liefert das entsprechende Ergebnis. Abb. 3.3 zeigt die Verwendung des Befehls „Ping" in einer Command Shell. Der Befehl Ping ist übrigens auf fast allen gängigen Betriebssystemen verfügbar.

Jetzt haben wir alle Informationen für den Aufbau eines Sockets, um diesen Server zu verbinden. Es gibt jetzt aber noch ein Detail zu beachten, bevor wir versuchen, die Seite auch direkt mittels Angabe des Sockets aufzurufen. Die hier verwendete Seite liegt bei einem Internet-Provider, nicht auf einem eigenen Server des Unternehmens. Das für das Beispiel herangezogene Unternehmen verfügt auch nicht über eine eigene permanente IP-Adresse, sondern bezieht für Internetverbindungen bei Verbindungsaufbau eine dynamische IP-Adresse durch den Provider. Damit ist es in der Regel nicht möglich, die verwendete Webseite über die IP-Port-Kombination aufzurufen. Dort, wo Unternehmen jedoch ihren eigenen Webserver betreiben und auch über eine eigene Webseite verfügen, ist es möglich, statt einer ausgeschriebenen Webadresse (zum Beispiel www.irgendeinprovider.de) im Adressfeld des Browsers auch eine IP-Port-Kombination (Socket) anzugeben. Die DNS-Server im Internet können sowohl Namen in IP-Adressen wie auch IP-Adressen in Namen übersetzen. Eine Eingabe würde dann in der Adresszeile des Browsers etwa so aussehen:

//<IP-Adresse>:80

Abb. 3.3 Ping

---

[19] Kommandozeile.

Durch die Angabe des Ports wird dabei definiert, dass eine Verbindung mittels HTTP erfolgen soll.

Aufgrund des explosionsartigen Wachstums des Internets wurde es in den vergangenen Jahren erforderlich, mehr IP-Adressen zur Verfügung zu stellen, als mittels der vier Oktette (Segmente) der klassischen IP-Adresse generiert werden konnten. Daher wurde die IP6 entwickelt. Diese verwendet zur Adressierung 128 Bits, was einem Umfang von 16 Bytes entspricht. Die Adressen nach dem IP6-Standard werden jedoch nicht mehr mittels Zahlen zwischen 0 und 255 dargestellt, sondern werden in hexadezimalem Code geschrieben, wobei die Adresse aus acht Adressblöcken besteht, die jeweils durch Doppelpunkte getrennt sind.

Die acht Adressblöcke werden innerhalb eckiger Klammern geschrieben und ein anzusprechender Port wird der abschließenden Klammer mit vorausgestelltem Doppelpunkt angefügt. Eine IP6-Adresse kann wie folgt aussehen:

http://[337C:4EAA:F034:4C17:4450:AF3E:1203:B7C3]:80

Eine derartige Adresse sollte eine weltweit eindeutige Kennung für einen Computer darstellen.

Was kann mit Daten geschehen?

4

Zusammenfassung

Die unbedachte Administration von Anlagen oder eine sorglose Unterbringung von IT-Systemen in Kellerräumen, kann mitunter größere Schäden anrichten als ein Angriff durch Hacker. Dieses Kapitel gibt daher einen Überblick darüber, was unseren Daten alles zustoßen kann. Dabei ist der Datenverlust ebenso schwerwiegend, wie der Zugriff unberechtigter Personen auf unsere Daten.

Wenn wir den Begriff Datensicherheit hören, denken viele von uns sofort an das Klischee des bösen Hackers, der in irgendeinem finsteren Raum sitzt und unsere Daten stehlen will. Aber Hacker sind nur eine von vielen Bedrohungen für die Datensicherheit.

Zuerst wollen wir uns daher einen gewöhnlichen Arbeitsplatzrechner (PC) ansehen. Ohne fremdes Zutun sind Netzteile und Festplatten diejenigen Teile eines Rechners, die am häufigsten durch einen Defekt ausfallen. Soweit eine herkömmliche Festplatte ausfällt, findet sich die Ursache entweder innerhalb der elektronischen Schaltkreise oder es wurden mechanische Komponenten beschädigt. Soweit ein mechanischer Schaden vorliegt, ist es in der Regel sehr viel schwieriger, Daten und Datenstrukturen auf einer Festplatte wiederherzustellen. In einem solchen Fall kann eine Datenwiederherstellung sehr teuer werden und manchmal, je nach Art

© Springer Fachmedien Wiesbaden GmbH, ein Teil von Springer Nature 2020
T. H. Lenhard, *Datensicherheit*, https://doi.org/10.1007/978-3-658-29866-1_4

und Ausmaß einer Beschädigung, ist es nicht einmal möglich, gespeicherte Daten
ganz oder teilweise wiederherzustellen. Wenn in einem solchen Fall keine funktionierende Datensicherung verfügbar oder vorhanden ist, können Daten unter Umständen unwiederbringlich verloren sein. Dabei sollte stets bedacht werden, dass es
sich hier um kein ausschließliches Problem von Wirtschaftsbetrieben, Organisationen oder Institutionen handelt. Auch bei Verwendung eines privaten Rechners kann
ein solcher Datenverlust ernsthafte Folgen haben, denn auf dieser Art von Rechner
sind häufig nicht nur Schnappschüsse des letzten Urlaubs gespeichert. Viele Privat-
personen nutzen ihren Computer, um ihr Leben zu organisieren. So könnten im
Fall eines Rechnerdefekts Steuerunterlagen, wichtige E-Mail-Kommunikationen,
Adressbücher, Versicherungsunterlagen, sonstige Vertragsunterlagen und weitere
wichtige Daten, Informationen und elektronische Dokumente verloren sein.

Wenn wir nun darüber nachdenken, was ein solcher Datenverlust für ein Unternehmen bedeuten könnte, kommen wir zu dem Schluss, dass durch einen Datenverlust durchaus der Fortbestand eines Unternehmens gefährdet sein kann. Für die
meisten Unternehmen und Organisationen käme es einer Katastrophe gleich, Kor-
respondenzen mit Kunden, Kundenkontakte, elektronische Bestellungen, Produk-
tionsdaten oder andere für den Betrieb essentielle Daten zu verlieren.

Auch wenn die Datensicherheit für den Schutz personenbezogener Daten und
der Privatsphäre der durch die Datenverarbeitung betroffenen Personen unerlässlich ist, beschränkt sich dieses Fachgebiet keinesfalls auf den Schutz dieser Daten.
Vielmehr dienen Maßnahmen der Datensicherheit dem Schutz sämtlicher Daten
und Informationen, die in einer Datenverarbeitungsanlage gespeichert oder verarbeitet werden.

Das einfache Beispiel einer beschädigten Festplatte wurde hier gewählt, um zu
erläutern, dass die Datensicherheit nicht nur illegale Aktivitäten von Hackern verhindern soll. Die Datensicherheit zielt vielmehr auch darauf, den Verlust von Daten
(mit und ohne Personenbezug), die ungewollte Zerstörung von Daten, die unbefugte Manipulation von Daten und die unbefugte Weitergabe oder Verbreitung von
Daten zu verhindern sowie Schutz vor Computerviren, Trojanischen Pferden und
Malware zu gewährleisten.

Gefahren im technischen Umfeld 5

Zusammenfassung

In Unternehmen und Organisationen sind Server und Komponenten der IT-Infrastruktur oftmals rund um die Uhr im Betrieb. Entsprechend hoch ist die Beanspruchung des eingesetzten Materials. Es ist daher nicht ungewöhnlich, dass nach einigen Jahren im Dauerbetrieb an solchen Rechnern Defekte auftreten. Allerdings bestehen noch eine Vielzahl weiterer Gefährdungen für Server und IT-Anlagen. Dieses Kapitel gibt einen Überblick darüber, welchen Gefahren Server und IT-Anlagen im technischen Umfeld ausgesetzt sind und wie man damit umgeht. Anhand von Praxisbeispielen wird erläutert, was man vermeiden sollte und wie man IT-Anlagen gegen bestimmte Gefahren absichern kann.

Wie im vorhergehenden Kapitel dargelegt wurde, sind Hacker keinesfalls die einzige Gefahr für Daten und Datenverarbeitungsanlagen. Wasser oder Abwasser kann zu schweren Schäden in Serverräumen oder an Computeranlagen führen, wenn ein Leck auftritt oder eine Leitung oder ein Rohr platzt. Daneben gibt es noch andere Gefährdungen, die im Zusammenhang mit Wasser auftreten können. Das sind zum Beispiel Überschwemmungen im Bereich von Flüssen und Seen oder Starkregenereignisse. Die Bedrohung von Datenverarbeitungsanlagen durch Wasser wird häufig erst dann wahrgenommen, wenn das Schadensereignis bereits eingetreten ist. Ein geflügeltes Wort in Technikerkreisen sagt: *„Wasser findet immer*

seinen Weg." Daher ist der schlechteste denkbare Platz für den Bau eines Serverraums oder eines Rechenzentrums in der untersten Etage eines Gebäudes oder im
Bereich einer Tiefgarage. Oft werden Keller für die Unterbringung von Servern
oder Telefonanlagen verwendet, denn andere Räume scheinen zu kostbar zu sein,
um als Serverraum verwendet zu werden. Abb. 5.1 zeigt ein Beispiel für eine solche offensichtliche Fehlentscheidung: Server, Telefonanlage und ein netzwerkbasiertes Speichergerät (NAS[1]), das zum Speichern von Datensicherungen verwendet
wird, befinden sich in einem kleinen Serverschrank, der in einem ungeschützten
Bereich im untersten Keller eines Hauses installiert ist. Was man auf diesem Bild
leider nicht sehen kann, ist ein Pumpenschacht von ca. 120 cm Tiefe, der sich direkt vor dem Serverschrank befindet. Das Vorhandensein des Pumpenschachts er-
gibt in diesem Keller anders als der Serverschrank auch Sinn, denn etwa 30 Meter
hinter dem Gebäude verläuft ein Fluss, der von Zeit zu Zeit, insbesondere nach
starken lang andauernden Regenfällen, über die Ufer tritt. In der Vergangenheit
wurde der Pumpenschacht daher schon mehrfach gebraucht, um eingedrungene
Wassermassen aus dem Keller herauszupumpen. Wie bereits erwähnt, ist ein solcher Keller im Allgemeinen der schlechteste Platz für den Betrieb von elektrischen

Abb. 5.1 Ein Serverschrank im tiefsten Keller des Gebäudes

---

[1] Network Attached Storage.

Systemen und Anlagen, insbesondere von Computern und Telefonsystemen. In dem geschilderten Fall stellt sich nicht die Frage, ob Wasser die Computersysteme beschädigen wird. Die einzige Frage, die sich hier stellt, lautet vielmehr, wann die nächste Überschwemmung die IT[2] und Telefonanlage vollständig zerstören wird. Sobald der Wasserstand eine Tiefe von 30 cm im Keller erreicht hat, werden zunächst die unterbrechungsfreie StromversorgungStromversorgung (USV) und die Speichereinheit (NAS), auf der sich die Datensicherungen befinden, zerstört. Also stirbt, bildlich gesprochen, mit der Datensicherung eine der wichtigsten und elementarsten Maßnahmen der Datensicherheit und des Datenschutzes zuerst. Da die unterbrechungsfreie Stromversorgung im Serverschrank direkt neben der NAS positioniert ist, wird die Stromversorgung des Serverschranks frühzeitig ausfallen. Das bedeutet, dass dann sowohl die Telefonanlage wie auch das Computernetzwerk außer Betrieb sind und das Unternehmen größte Probleme haben wird, den Geschäftsbetrieb aufrechtzuerhalten. Steigt das Wasser im entsprechenden Keller weiter, ist damit zu rechnen, dass alle Computer und Komponenten der Telefonanlage, die sich in diesem Serverschrank befinden, beschädigt werden.

Um die Überflutung eines Kellers oder einer Tiefgarage zu verursachen, ist es nicht zwingend erforderlich, dass der Erdboden im Umfeld des Gebäudes überflutet wird. Der Grundwasserspiegel folgt häufig dem Niveau eines Flusshochwassers. Das Grundwasser kann sich dann seinen Weg durch Kellerwände und Böden suchen und einen Keller überfluten, selbst wenn überirdisch keine Überschwemmung zu sehen ist.

Auch wenn die Basis eines Hauses vor Überschwemmungen und einem hohen Grundwasserspiegel geschützt ist, besteht aus Sicht der Datensicherheit auf Dauer gesehen kein ausreichender Schutz für die Informations- und Telekommunikationssysteme, die in einer entsprechenden Räumlichkeit betrieben werden.

▶ **Merksatz 1**: *Vermeiden Sie es, Computer- oder Telefonanlagen, insbesondere Serverräume oder Teile von Rechenzentren, in unterirdischen Kellern oder Tiefgaragen zu platzieren. Entsprechende Anlagen sollten sich in der Mitte eines Gebäudes befinden* (BSI2016-1).

Gerade im Zusammenhang mit Leckagen und Rohrbrüchen ist es wichtig, über ein Problem nachzudenken, das besonders häufig in älteren Gebäuden auftritt. Soweit eine Renovierung älterer Gebäude stattfindet oder ein Serverraum in einem solchen Gebäude installiert werden soll, ist es nicht immer möglich, vorgefundene Leitungen zu verlegen. In vielen Projekten ist man deshalb damit konfrontiert, dass

---

[2] Informationstechnologie.

Wasser-, Abwasser- oder Heizungsrohre durch einen Raum führen, der zum Serverraum umgebaut werden soll.

Der beste Weg, um die Gefährdung von IT-Anlagen zu vermeiden, besteht darin, derartige Rohrleitungen stillzulegen oder in Bereiche zu zerlegen, die den Serverraum im Falle eines Rohrbruchs oder einer Leckage nicht in Mitleidenschaft ziehen können. In vielen Fällen ist der Rückbau oder die Stilllegung dieser Leitungen allerdings nicht möglich. In solchen Fällen bleiben nur zwei Alternativen: Sie können entweder einen Raum im Gebäude wählen, der weniger stark gefährdet ist oder entsprechende Schutzvorrichtungen installieren. Beispielhaft zeigt Abb. 5.2 eine Schnittzeichnung aus einem Projekt, in der Abwasserrohre dargestellt sind, die direkt über einem Serverschrank verlaufen. Der Bereich darunter wurde durch die Installation einer Edelstahlwanne gesichert. Tritt nun eine Leckage auf, verhindert die Edelstahlwanne, dass dadurch Beschädigungen im Serverraum auftreten. Allerdings muss eine solche Edelstahlwanne dann auch über einen Ablauf (mit Siphon) und über Detektoren verfügen, ansonsten könnte es nämlich zu noch größeren Beeinträchtigungen kommen, wenn sich nämlich die Edelstahlwanne durch eine Leckage langsam gefüllt hat und die Verankerung dem Gewicht nicht mehr standhalten kann. Obwohl man sich hier fragen wird, was im Kopf eines Planers vorgehen mag, der Ablauf und Wassermelder in einer Auffangwanne vergisst, sei gesagt, dass dies in der Praxis ein nicht einmal selten vorkommender Fehler ist. Die Abb. 5.2 zeigt eine schematische Darstellung, wie eine solche Auffangwanne montiert sein kann.

Schließlich sollte man niemals übersehen, dass sich Wasser auch seinen Weg durch Decken und Türen sucht. Eine sehr beliebte Methode von Saboteuren besteht deshalb darin, Abflüsse und Überläufe zu verstopfen und dann die entsprechenden Wasserhähne aufzudrehen. Wird in einem Unternehmen oder in einer Institution am Wochenende nicht gearbeitet und wird der Sabotageakt so verübt, dass er vor dem Wochenende nicht mehr bemerkt wird, kann sich wahrscheinlich jeder Leser

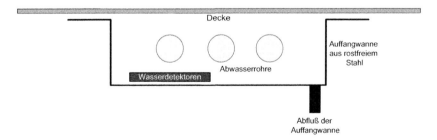

Abb. 5.2 Eine Stahlwanne zum Schutz von IT-Anlagen vor Rohrleitungen

das Ausmaß des Schadens für ein Unternehmen oder eine Institution gut vorstellen. Alle Konstellationen der Gefährdung durch Wasser beschreiben zu wollen, würde jeden Rahmen einer Publikation sprengen. Sie sollten diesbezüglich jedoch ganz besonders vorsichtig sein, wenn Ihnen jemand empfiehlt, eine Klimaanlage in Ihrem Serverraum zu installieren, welche mit Druckwasser betrieben wird.

Eine weitere ernsthafte und ebenso unterschätzte Gefahr für Daten- und Datenverarbeitungssysteme ist Feuer. Im Brandfall können ein gut durchdachter Notfallplan und technische und organisatorische Maßnahmen das Überleben des Unternehmens sicherstellen. Wenn Maßnahmen des Brandschutzes in einem Serverraum realisiert werden, dann schützen wir den Serverraum, als zumeist unternehmenskritische Infrastruktur, vor dem Rest des Unternehmens. Gleichzeitig schützen wir aber Firmengebäude und Unternehmen auch vor Gefahren, die im Serverraum ihren Ausgang nehmen könnten.

Diejenigen, die im Zweifel sind, dass Feuer eine echte Gefahr für Daten-und Datenverarbeitungssysteme darstellt, sollten sich durch Ihren Brandschutzbeauftragten oder durch die örtliche Feuerwehr unbedingt hinsichtlich dieser Bedrohung und ihrer möglichen Folgen beraten lassen.

Ein Feuer kann nicht nur in Produktionsstraßen, Gefahrgutlagern oder in Büroräumen ausbrechen. Ein Feuer kann ebenso gut in Serverräumen, in Netzwerkverteilerschränken oder sogar direkt am Bildschirmarbeitsplatz eines Benutzers ausbrechen.

Das vorliegende Buch richtet sich nicht an Theoretiker, die in irgendwelchen universitären Elfenbeintürmen sitzen und über Wahrscheinlichkeiten von Schadensereignissen nachdenken, nur weil Datenschutz und Datensicherheit gerade „en vogue" sind. Es richtet sich vielmehr an den Praktiker und liefert daher auch Beispiele aus der Praxis und dem Erfahrungsschatz des Autors:

Aufgrund des Sonntagsfahrverbots für Lastkraftwagen, welches in Deutschland gilt, schien ein Samstagabend die beste Zeit zu sein für die Durchführung einer Datenbankmigration innerhalb eines großen Logistikunternehmens. Während dieser Zeit waren die Büros unbesetzt und die IT- und Datenbankexperten waren als einzige Personen in der Unternehmenszentrale anwesend. Während die Systemmigration durchgeführt wurde, war während der Nacht plötzlich ein lautes Geräusch in den Korridoren zu hören, welches möglicherweise auf eine Explosion hindeutete. Auf der Suche nach der Quelle des Knalls entdeckten die anwesenden Personen in einem Büro einen konventionellen Röhrenmonitor, aus dem bereits Rauch und Flammen schlugen. Offensichtlich war ein elektrisches Bauteil explodiert und hatte das Feuer ausgelöst. Das Feuer konnte schnell gelöscht werden. Ohne die zufällig für diesen Tag geplante Anwesenheit der IT-Experten wäre das mittlerweile in die Jahre gekommene Hauptgebäude des Logistikzentrums in dieser Nacht vermutlich abgebrannt.

► **Merksatz 2**: *Endgeräte wie Arbeitsplatzrechner, Monitore und Drucker am Arbeitsplatz sollten immer abgeschaltet sein, wenn Sie nicht benötigt werden (zum Beispiel außerhalb der Bürozeiten).*

Andere Brände wurden durch defekte Netzteile oder durch defekte Netzwerkverteiler ausgelöst.

Ein Feuer kann den Fortbestand eines Unternehmens bedrohen. Vor allem, wenn es Tage oder sogar Wochen dauert, um beschädigte Geräte zu ersetzen, neue Kabel (Netzwerk, Stromversorgung) zu installieren oder wenn nicht nur der Server, sondern auch gleich die Server-Sicherung verbrannt sind, kann ein Feuer im Umfeld der IT-Systeme eines Unternehmens zum Konkurs desselben führen.

Eine der bislang gefährlichsten Situationen, die der Autor erlebt hat, wurde durch die Kaskadierung mehrerer Steckdosenleisten verursacht. Abb. 5.3 zeigt die ursprüngliche Situation kurz bevor ein Feuer ausbrach. Eine unterbrechungsfreie Stromversorgung war zwar vorhanden, wie im Hintergrund der Abb. 5.3 zu sehen ist, allerdings war sie außer Betrieb, da die Akkus bereits seit einiger Zeit defekt waren und eine Reparatur versäumt wurde.

Die meisten Steckdosenleisten und Stromkabel, die in Abb. 5.3 zu sehen sind, enden in der Dreifachsteckdose vorne links, welche wiederum mit einer Standardsteckdose an der Wand verbunden war. Als dieses Bild aufgenommen wurde, war

Abb. 5.3 Chaos in einem Teil eines klinischen „Rechenzentrums"

das Kabel dieser Dreifachsteckdose bereits dermaßen heiß, dass man es kaum mehr anfassen konnte. Unsachgemäße elektrische Verkabelung kann aber nicht nur zu Kabelbränden führen. Überlastete oder instabile Stromnetze können ebenfalls Schäden an ITK-Anlagen[3] verursachen. Ähnlich wie Wasser, so suchen sich auch elektrische Ströme ihren Weg. Man spricht hierbei von Fehlerströmen, die durchaus nicht nur für Systeme und Anlagen ein Problem darstellen sondern auch lebensbedrohend für den Benutzer von Geräten und Anlagen sein können. Aus diesem Grund ist auch entsprechend der DGUV[4] Vorschrift Nr. 3 (früher: BGV[5] A3) in Deutschland eine regelmäßige Überprüfung von elektrischen Betriebsmittels vorgeschrieben. Dazu zählen neben Rechnern und Servern auch weitere elektrische Geräte der IT- und TK-Infrastruktur. Diesbezüglich wird hier aber auf das weitere Studium der entsprechenden Vorschrift verwiesen.

▶ **Merksatz 3**: *Vermeiden Sie die Verwendung von kaskadierten Steckdosen. Die elektrische Versorgung von IT-Systemen muss von einem Fachmann sorgfältig geplant werden.*

Blitzschläge und elektrische Entladungen sind ebenfalls eine Gefahr für IT-Systeme. Deshalb muss die elektrische Versorgung eines Rechnersystems, eines Serverraums oder eines Rechenzentrums vor den Folgen eines Blitzschlags geschützt werden.

Beim Phänomen des Blitzes handelt es sich um eine elektrische Entladung, die eine Stromstärke von mehreren hunderttausend Ampere haben kann. Dabei kann bei einer solchen Entladung ein Magnetfeld entstehen, das Geräte und magnetische Datenträger beschädigen kann.

Die Gefahr von Blitzschlägen und Fehlerströmen wird oft unterschätzt, wenn Computernetzwerke neu installiert werden. Die aktuelle Netzwerktechnologie verwendet neben Glasfaserkabeln immer noch zum Großteil Kupferleitungen, wenn im Bereich von Gebäuden und Betriebsgeländen eine neue Verkabelung installiert wird. Zum einen sind Kupferleitungen ausgesprochen gute Stromleiter und zum anderen unterscheiden Blitze nicht, ob Sie eine Stromleitung oder ein Netzwerkkabel in Mitleidenschaft ziehen. Stellen wir uns ein Unternehmen vor, dessen Computernetzwerk auf vielfältige Weise gegen Gefahren aus dem Internet und gegen andere Bedrohungen abgesichert ist. Um ein Gebäude des Unternehmens zu

---

[3] Informations- und Telekommunikationsanlagen.

[4] Deutsche Gesetzliche Unfallversicherung.

[5] Berufsgenossenschaftliche Vorschriften.

betreten oder um mit einem Fahrzeug auf das Betriebsgelände zu gelangen, ist es erforderlich, sich mit einem RFID[6]-Token zu identifizieren. Bei der Einfahrt öffnet sich eine Schranke, nach dem der RFID-Token erfolgreich verifiziert wurde. Zu diesem Zweck ist das Lesegerät mittels eines Kupferkabels verbunden (zum Beispiel EN-50173-1[7]/Kategorie 7). Während eines Gewittersturms trifft ein Blitzschlag die geöffnete Schrankenanlage und die gesamten IT-Systeme des Unternehmens werden im Bruchteil einer Sekunde zerstört. Von Blitzschäden an Computernetzen ist bekannt, dass dabei sogar die Metallkontakte von Netzwerksteckern (RJ45[8]) verdampft sind. Ein Blitzschlag kann jedoch nicht nur elektronische Komponenten oder Leitungen in Mitleidenschaft ziehen. Die Beschädigung der Anlagen kann durchaus auf massive Schäden an Datenbanken zur Folge haben.

Kein Wirtschaftsunternehmen kann heutzutage noch ohne ein Datenbanksystem arbeiten. Das Spektrum der Datenbanken reicht dabei von einer einfachen Adressendatenbank bis hin zu hochkomplexen Systemen der Produktionsplanung und -steuerung oder bis zu ERP[9]-Systemen.

Datenbanken sind zumeist sehr komplexe und ebenso fragile Systeme. Beim Herunterfahren eines Servers, auf dem eine Datenbank betrieben wird, benötigt die Datenbank daher zunächst eine kontrollierte Abschaltung ihrer Dienste. Andernfalls kann die Datenbank beschädigt werden und ein Verlust von Daten wäre möglich. Ein derartiger Schaden kann zum Beispiel auftreten, wenn ein plötzlicher Stromausfall auftritt. Für uns bedeutet das, dass wir gerade eine weitere Bedrohung für die Datensicherheit identifiziert haben: Die plötzliche und ungeplante Abschaltung von Servern. Es ist ein elementares Erfordernis beim Betrieb von Servern und insbesondere beim Betrieb von Datenbankservern, diese vor Stromausfällen, Überspannungen und Spannungsschwankungen zu schützen. Um Defekte an Servern oder an darauf betriebenen Datenbanken zu vermeiden, empfiehlt es sich daher, die Geräte niemals direkt mit dem Stromnetz zu verbinden. Ein wesentliches Gerät, ohne das kein (Datenbank-)Server betrieben werden soll, ist die unterbrechungsfreie Stromversorgung (USV). Derartige Geräte verwenden Akkumulatoren, um einen Server auch dann noch verfügbar zu haben, wenn die Stromversorgung kurzfristig gestört ist oder ausfällt. Unterbrechungsfreie Stromversorgungen, die für den professionellen Einsatz konzipiert sind, werden häufig mit einer Schnittstelle und zugehöriger Software ausgeliefert. Wenn die Batterieleistung aufgrund der

---

[6] Radio Frequency Identification.

[7] European Normative 50173-1:2011 about Information technology – Generic cabling systems – Part 1: General requirements.

[8] Registered Jack 45.

[9] Enterprise Resource Planning.

Dauer eines Stromausfalls einen kritischen Bereich erreicht, wird durch die Software eine kontrollierte Abschaltung des Servers und seiner Dienste initiiert, so dass kein Schaden an den Datenbeständen oder Datenbanken entstehen kann.

▶ **Merksatz 4**: *Betreiben Sie niemals einen Server ohne Absicherung durch eine ausreichend dimensionierte unterbrechungsfreie Stromversorgung.*

Hinsichtlich des Einsatzes von unterbrechungsfreien Stromversorgungen sollte eine regelmäßige Wartung obligatorisch sein (Wartungsplan), da ein derartiges Gerät einen Server und seine Daten nur dann schützen kann, wenn es einwandfrei funktioniert.

In diesem Kapitel haben wir gesehen, dass es viel mehr Bedrohungen für Daten und Rechnersysteme gibt als nur Hacker und Viren. In einigen Regionen der Welt ist es sogar notwendig, über die Gefahren durch Erdbeben, Erdrutsche, Wirbelstürme oder Tsunamis nachzudenken.

Gefährliche Software

6

Zusammenfassung

Gefährliche Software umfasst weitaus mehr als nur Computerviren, denn das Gefährdungspotenzial eines Programms muss nicht notwendigerweise der Intention eines Programmentwicklers entsprechen. Das Kapitel zeigt, dass das Gefahrenpotenzial von Programmen unterschiedliche Gründe haben kann. Das Programm kann eine gewollte oder ungewollte Gefahr darstellen. Wie weiterhin erläutert wird, kann sich eine Gefährdung allerdings auch aus einer zweckfremden Verwendung von Programmen ergeben.

Software ist mitunter nicht weniger gefährlich als die Bedrohungen, die im vorigen Kapitel erläutert wurden. Es ist ein beliebter Ausspruch, der fast gebetsmühlenartig von Softwareentwicklern vorgetragen wird, dass nämlich fehlerfreie Software nicht verfügbar wäre.

Der Grund, warum einige Zeitgenossen, die zumeist für Software-Unternehmen arbeiten, diese Aussage immer und immer wiederholen, ist nicht nachvollziehbar.

Vielleicht sind diese Leute oder die Unternehmen, für die sie arbeiten, nicht sehr kompetent in dem, was sie tun oder man setzt dort Prioritäten, die von vornherein der Entwicklung einer qualitativ ausgereiften, gut durchdachten und stabilen

© Springer Fachmedien Wiesbaden GmbH, ein Teil von Springer Nature 2020   27
T. H. Lenhard, *Datensicherheit*, https://doi.org/10.1007/978-3-658-29866-1_6

Software entgegenstehen. Das heißt, dass es möglicherweise gar nicht gewollt ist, fehlerfreie Software zu entwickeln.

Ein Beispiel, das sich so tatsächlich zugetragen hat, wird erklären, dass manchmal die Prioritäten von Software-Unternehmen die Entwicklung von hochwertiger Software verhindern:

Ein erfahrener Softwareentwickler wechselte vor einigen Jahren zu einem bekannten Softwareunternehmen. Nach ein paar Wochen hatte der Leiter der Entwicklungsabteilung einen Blick auf den Bildschirm des Entwicklers geworfen, während dieser ein neues Modul für ein ERP-System entwickelte. Der Entwicklungsleiter befragte ihn bezüglich der ihm „ungewöhnlich" erscheinenden Kodierung und erhielt zur Antwort, dass er Debug-Code schreiben würde, so dass sowohl logische Fehler wie auch Fehler in der Kodierung noch während der Entwicklung sofort identifiziert und behoben werden könnten. Tatsächlich programmierte er nach damals bereits international anerkannten Standards und Konventionen. Der Entwickler wurde daraufhin vom Entwicklungsleiter aufgefordert, sofort damit aufzuhören, fehlerfreien Code zu programmieren, denn das Ziel des Unternehmens wäre nicht, „qualitativ hochwertige Software an die Kunden auszuliefern", sondern schnellstmöglich viel Geld zu verdienen. Der Entwickler verließ noch in derselben Woche das Unternehmen, das bis zum heutigen Tag ERP-Software feilbietet.

Auch wenn, was zu hoffen ist, dieses Unternehmen nicht eine ganze Branche repräsentiert, so muss doch davon ausgegangen werden, dass es auch noch weitere, andersgeartete Gründe gibt, warum Software fehlerhaft sein kann. So kann dies sicherlich in manchen Unternehmen durchaus auch auf die hohe Komplexität der Systeme oder auf die schlechte Ausbildung von Programmierern und Entwicklern zurückgeführt werden. Jedenfalls zeigt die Vielzahl von Programmfehlern, die tagtäglich in den unterschiedlichsten Softwareprogrammen auftauchen, dass wir im Allgemeinen bei komplexeren Systemen nicht davon ausgehen sollten, dass eine einmal gekaufte Software auch einwandfrei funktioniert. Programmfehler können zu ernsthaften Sicherheitsproblemen auf Computersystemen oder in Unternehmensnetzwerken führen. Im Jahr 2014 gab es ein weltweites Problem, das unter dem Namen „heart bleed bug" bekannt wurde. Die Ursache davon war ein (vermeidbarer) Programmierfehler.[1]

Was aber können wir unternehmen angesichts derartiger Sicherheitsprobleme in Softwaresystemen? Üblicherweise schreiben wir keine eigenen Programme oder Betriebssysteme. Also bleibt uns nur der Weg, uns regelmäßig darum zu kümmern,

---

[1] http://heartbleed.com/. Zugegriffen am 12.01.2017.
[2] Universal Serial Bus.

dass in verwendeten Systemen zeitnah Aktualisierungen eingespielt werden. Sobald in einer Standardsoftware ein Sicherheitsproblem entdeckt wird, starten auch
schon kurz danach die Angriffe, welche die bekanntgewordene Sicherheitslücke
nutzen wollen. Daher ist es unverzichtbar, Systemaktualisierungen so schnell wie
möglich einzuspielen und damit entdeckte Sicherheitslücken zu schließen. Es
sollte daher regelmäßig überprüft werden, ob für eingesetzte Betriebssysteme oder
für Anwendungssoftware sicherheitsrelevante Aktualisierungen verfügbar sind.

▶   **Merksatz 5**: *Überprüfen Sie regelmäßig, ob für eingesetzte Software
    oder Betriebssysteme sicherheitsrelevante Aktualisierungen verfüg-
    bar sind.*

Software unterliegt, wie andere Produkte auch, einem Lebenszyklus. Nehmen
wir an, dass ein Betriebssystem nicht mehr von der Herstellerfirma unterstützt
wird, dann müssen wir davon ausgehen, dass zukünftig keine Sicherheits-
Aktualisierungen (sog. Patches) mehr verfügbar sind. Das bedeutet, dass wenn ein
Programmierfehler oder ein Sicherheitsproblem nach dem Ende des Software-
Lebenszyklus gefunden wird, kein Sicherheitsupdate/Patch mehr zur Verfügung
steht, der die entsprechende Sicherheitslücke im System schließen könnte. Daher
besteht ein sehr hohes Risiko für das System und sogar für Daten auf einem solchen Server oder Computer, wenn das Betriebssystem vom Hersteller nicht weiter
gepflegt wird. Aus diesem Grund ist es eine wesentliche Voraussetzung für den
Betrieb sicherer IT-Systeme, keine veralteten Betriebssysteme einzusetzen, besonders dann, wenn das Computersystem mit dem Internet verbunden ist.

▶   **Merksatz 6**: *Benutzen Sie keine veralteten Betriebssysteme.*

Bis hierher haben wir uns nur mit produktiven Software-Systemen beschäftigt.
Es gibt allerdings auch zahlreiche Programme, die entwickelt wurden, um Schäden
zu verursachen, Daten auszuspionieren oder illegale oder zerstörerische Aktivitäten zu unterstützen. Eine Auswahl solcher Programme wird in den folgenden Zeilen beschrieben.

6.1   Das Trojanische Pferd

Altgriechische Sagen und Legenden berichten uns, wie Odysseus die Trojaner mit
einem riesigen Holzpferd getäuscht hat. Die Trojaner glaubten, dass es sich bei
dem Pferd um ein Friedensgeschenk handeln würde und dass die griechische Flotte
sich auf die Rückfahrt begeben habe. Die Bewohner der zuvor belagerten Stadt

schoben also das Pferd in ihre befestigte Stadt und nachts sprangen griechische
Soldaten heraus, die sich darin versteckten: Das war das Ende von Troja!

Für eine bestimmte Art von Malware würde kein anderer Begriff besser passen,
als die Programme Trojanische Pferde zu nennen, denn diese Programme verwenden genau die Strategie, die von Odysseus erdacht worden war, indem sie
vorgeben, etwas anderes zu sein, als sie tatsächlich sind.

Ein gängiges Beispiel für einen solchen Trojaner sind E-Mail-Anhänge, bei
welchen es sich vorgeblich um Telefonrechnungen handeln soll. Wird eine solche
Datei geöffnet, muss in aller Regel ein Rechner als kompromittiert, also durch Viren oder Malware verseucht, angesehen werden.

Da leistungsstarke Antivirenprogramme, die als Standardausstattung auf jedem
Rechner installiert sein sollten, in den meisten Fällen Viren finden, welche an
E-Mails angehängt wurden, beinhalten die Anhänge nicht immer den Virus, der
verbreitet werden soll. Stattdessen ist es möglich, dass über den Mailanhang zunächst eine Verbindung zu einem Server im Internet etabliert wird und von dort aus
dann Viren und Schadprogramme auf den Rechner geladen werden. Es sind auch
Fälle bekannt, in denen nicht einmal die zuletzt beschriebene Aktivität direkt ausgeführt wird. Stattdessen wird bei Anklicken des Mailanhangs bei mancher Malware zunächst ein Eintrag in den Planer (Scheduler) des Betriebssystems vorgenommen, der dann nach Stunden, Tagen oder Wochen ausgeführt wird und ein
Schadprogramm oder einen Virus auf den befallenen Rechner lädt. Das kann zum
Beispiel so aussehen, dass per Scheduler eine URL-Adresse angesprochen wird.
Die gleichen Vorgänge können auch dadurch ausgelöst werden, dass Sie einen Link
im Internet anklicken. Wenn Ihnen eine Webseite verspricht, dass Sie tausende von
Klingeltönen für Ihr Mobiltelefon kostenlos herunterladen können, sollten Sie Vor-
sicht walten lassen. Die Wahrscheinlichkeit wäre in diesem Fall sehr hoch, dass Sie
statt des erwarteten Klingeltons einen Virus auf Ihrem Gerät installieren, sobald
Sie einen entsprechenden Link anklicken.

In einigen Fällen werden Quellcodes oder Batchdateien als Trojanische Pferde
eingesetzt. Einem versierten Hacker genügt es dabei, ein oder zwei Zeilen Code in
einem Skript von mehreren tausend Zeilen Länge zu verstecken. Vielleicht ist aber
die einfachste Methode, um in ein Computersystem eines Unternehmens einzudringen, zugleich die genialste Vorgehensweise:

Ein Angreifer muss dabei keine Sicherheitslücken in der Firewall des Unternehmens suchen. Er muss nicht einmal diese Firewall überwinden und kann seinen
Angriff ohne große Mühe und ohne Stress zu Hause vorbereiten. Alles was er
braucht, ist ein Programm, das ihm erlaubt, Zugang zu einem Computer über das
Internet zu erhalten. Dieses Programm kann als Dokument getarnt werden, welches zum Beispiel vorgibt, ein Überwachungsprotokoll oder vertrauliche Informa-

tionen der Geschäftsleitung zu beinhalten. Sehr subtil ist auch die Tarnung als interne Information eines Konkurrenten. Der Kreativität eines Angreifers sind hierbei keinerlei Grenzen gesetzt. Das vorbereitete Trojanische Pferd wird dann auf USB[2]-Sticks kopiert und auf dem Parkplatz des Unternehmens verteilt, das angegriffen werden soll. Der Finder wird glauben, dass jemand seinen USB-Stick verloren hätte. Soweit technisch nicht der Anschluss von nicht registrierten USB-Sticks unterbunden ist, ist der Angreifer seinem Ziel jetzt schon recht nahe gekommen. Der Finder wird in den meisten Fällen, entweder aus Neugierde oder weil er als ehrlicher Finder den Stick seinem Eigentümer zurückgeben möchte, diesen nach Ankunft in seinem Büro anschließen. Damit wäre höchstwahrscheinlich der Angriff auf das Unternehmen geglückt, denn je nach Funktionsweise würde sich der Virus sofort beim Anschließen des Sticks oder beim Anklicken einer Datei im System installieren und eventuell einen Zugang für unseren Hacker zu dem infizierten System öffnen. Ist erst einmal ein System in einem Unternehmen infiziert, so kann dieses als Ausgangsbasis genutzt werden, um weitere Rechner oder Server innerhalb des Unternehmens anzugreifen.

▶   **Merksatz 7**: *Verbinden Sie niemals einen gefundenen, unbekannten oder ungeprüften USB-Stick oder einen anderen Wechseldatenträger (DVD,[3] externe Festplatte) mit einem produktiven Computersystem.*

Schließlich gibt es noch andere Möglichkeiten, wie ein Trojanisches Pferd in ein Computersystem gelangen kann. Nach der Jahrtausendwende nutzten deutsche Ermittlungsbehörden ein Trojanisches Pferd, um Rechner, die ans Internet angeschlossen waren, zu überwachen. Dieser sogenannte Bundestrojaner wurde von CCC[4] analysiert. Er war in der Lage, alle Komponenten eines Computers zu überwachen, die für die Kommunikation verwendet werden. Insbesondere konnten das Mikrofon, die Kamera und die Tastatur überwacht werden. Darüber hinaus soll der Trojaner in der Lage gewesen sein, Audio- und Videoanrufe zu überwachen und über dieses Malwareprogramm bestand Zugriff auf sämtliche auf der Festplatte eines infizierten Computers gespeicherten Daten. Ein geplanter breitgestreuter Einsatz des Programms wurde allerdings höchstrichterlich unterbunden. Nichtsdestotrotz sollen immer wieder derartige Schadprogramme auf Rechnern, insbesondere auf mobilen Rechnern, aufgetaucht sein. Auch wenn deutsche Ermittlungsbehörden den Bundestrojaner heutzutage nur noch im Rahmen eines rechtlich zulässigen Einsatzes verwenden, bedeutet das nicht, dass man in anderen Staaten ähnliche juristische Barrieren für die Nutzung eines solchen Programms aufgebaut hätte.

---

[3] Digital Versatile Disc.
[4] Chaos Computer Club.

Es ist nicht unwahrscheinlich, dass eine derartige Malware auch auf ausländischen Flughäfen auf mobilen Rechnern installiert wird, wenn Notebooks oder Tablet-PCs im aufgegebenen Reisegepäck transportiert und nicht als Handgepäck mitgeführt werden.[5] Sehr populär ist auch die Installation eines Trojaners, wenn Computer in einem Hotelzimmer zurückgelassen werden, während die Besitzer zum Beispiel beim Abendessen sitzen oder an einem Rahmenprogramm zu einer Konferenz teilnehmen. Danach besteht dann für den Angreifer Zugriff auf das Gerät, sobald es eine Verbindung zum Internet aufgebaut hat.

Es gibt im Zusammenhang mit dem Fernzugriff auf Rechner keine signifikanten Unterschiede zwischen den Techniken und Schadprogrammen, die Behörden und Dienste einsetzen und derjenigen Malware, die von Kriminellen und Spionen verwendet wird.

Einige Computernutzer sind immer noch der Meinung, dass die Daten, die sie auf ihren mobilen Rechnern speichern, sicher wären, weil ein Passwort erforderlich ist, um sich an dem Gerät anzumelden. Um ein Notebook zu infizieren, muss weder das System gestartet werden, noch muss eine erfolgreiche Anmeldung am Betriebssystem erfolgen. Jemand, der zum Beispiel in der Firma oder im Hotel Ihr Notebook infizieren möchte, wird dieses nicht starten. Oft genügt es, nur eine Schraube an der Unterseite eines Notebooks zu lösen, um die Festplatte herausnehmen zu können. Die Festplatte wird dann mit einem anderen Gerät verbunden, infiziert und wieder in das Notebook eingesetzt. Dieses Verfahren dauert nicht mehr als zwei Minuten. Wie kann man aber einen solchen Angriff abwehren? Einen Rechner mittels der oben beschriebenen Methode zu infizieren ist deutlich schwieriger, wenn die Festplatte vollständig verschlüsselt ist. In diesem Fall wäre nämlich der Anschluss an ein anderes Gerät zunächst einmal nutzlos, da ohne den entsprechenden Schlüssel oder Algorithmus kein Zugriff auf Daten der Festplatte erfolgen kann, was auch einen schreibenden Zugriff einschließt.

▶ **Merksatz 8**: *Wenn sensible Daten auf einem mobilen Gerät gespeichert werden, dann verschlüsseln Sie Datenträger oder Daten mit der besten zur Verfügung stehenden Methode und lassen Sie das Gerät nicht unbeaufsichtigt.*

Um eine Manipulation des Notebooks leichter identifizieren zu können, ist es nützlich, zum Beispiel die Schrauben des Aufnahmefaches für die Festplatte mit Klebesiegeln zu sichern, die nur durch Zerstörung entfernt werden können. Zwar

---

[5] Siehe hierzu Frank Rieger, Ein amtlicher Trojaner – Anatomie eines digitalen Ungeziefers, Frankfurter Allgemeine Zeitung, 09.10.2011. http://www.faz.net/aktuell/feuilleton/ein-amtlicher-trojaner-anatomie-eines-digitalen-ungeziefers-11486473.html.

kann diese Maßnahme die illegale Aktion nicht verhindern, jedoch liefert ein zer-
störtes Siegel die Information, dass ein Rechner möglicherweise kompromittiert ist.

Nach den vorangegangenen Ausführungen zum Einsatz von Trojanern, stellt
sich nun die Frage: Wie kann man eine Verbindung zwischen einem Computer und
irgendeinem Server im Internet identifizieren? Die Antwort auf diese Frage ist erstaunlich einfach.

Soweit auf einem Rechner ein Microsoft-Betriebssystem installiert ist, steht Ihnen innerhalb der Command Shell (cmd) das Programm „netstat" zur Verfügung.
Dieses Werkzeug bietet einen einfachen Weg, um nach offenen Verbindungen eines
Rechners zu suchen oder sich Ports anzeigen zu lassen, die auf eingehende Verbindungen warten. Dazu ist lediglich die Eingabe des folgenden Befehls erforderlich:

netstat -a

Wenn Sie diesen Befehl um die Option „-b" erweitern, erhalten Sie zusätzlich
die Information darüber, welcher Dienst oder welches Programm eine Verbindung
etabliert hat oder eine solche erwartet. Ist aus dem Resultat, das Ihnen das Programm liefert, nicht ersichtlich, um welchen Server es sich handelt, der eine Verbindung mit dem untersuchten Rechner aufgebaut hat, so kann eine Suchmaschine
genutzt werden, um nach dessen IP-Adresse zu suchen.

So einfach jedoch das Programm zu bedienen ist, so langwierig kann eine derartige Untersuchung sein. Üblicherweise bauen nämlich eine Vielzahl von Programmen Verbindungen zum Internet auf. Zunächst einmal verbinden sich zum
Beispiel E-Mail-Programme mit Postfächern auf Servern im Internet. Dann bauen
natürlich Browser Verbindungen zu den Servern auf, auf denen die aufgerufenen
Internetseiten vorgehalten werden. Schließlich werden auch Verbindungen aufgebaut, um Antivirensysteme zu aktualisieren, die Lizenzen einiger Softwaresysteme
beim Start oder während der Laufzeit zu prüfen oder auch um den Benutzer über
verfügbare Softwareaktualisierungen zu informieren.

Wenn also eine Abfrage mit „netstat" eine umfangreiche Liste von Verbindungen zurückliefert, bedeutet das nicht notwendigerweise, dass ein Rechner infiziert
ist. Bei der Untersuchung der Ausgabe dieses Programmes sollte daher so vorgegangen werden, dass jede Verbindung überprüft und nach Auffälligkeiten oder unbekannten Verbindungen oder Verbindungsgründen geforscht wird. Dabei sollte
mit besonderer Vorsicht vorgegangen werden, da einige Schadprogramme absicht-
lich ähnliche Bezeichnungen führen wie Programme, die legale Verbindungen aufbauen. Teilweise kann der Unterschied in einem Buchstaben oder einer sonst mi-
nimal veränderten Schreibweise liegen, die dem Betrachter beim schnellen
Durchsehen entgehen könnten.

Eine Einschränkung sollte jedem Nutzer des Werkzeugs „netstat" aber bekannt sein. Das Programm liefert nämlich nur eine Momentaufnahme. Soweit ein Trojaner nicht permanent versucht, eine Verbindung zu einem Internetserver aufzubauen, sondern zeitgesteuert Verbindungen etabliert, kann es sein, dass dieser in einem Moment nicht bei der Abfrage mit „netstat" erscheint und im nächsten Moment wieder eine Verbindung zu seinem Server aufbaut.

Soweit das betrachtete Netzwerk über eine Firewall verfügt, die für den professionellen Einsatz konzipiert ist, steht häufig ein sogenanntes Monitoring-Tool zur Verfügung. Damit ist es möglich, sowohl Momentaufnahmen wie auch Verbindungsdaten der Vergangenheit zu analysieren und etablierte Verbindungen oder Verbindungsversuche zu identifizieren. Eine solche Firewall sollte nicht nur regelmäßig gewartet und aktualisiert werden. Es sollte auch regelmäßig eine Verbindungskontrolle erfolgen, welche darauf ausgerichtet ist, Verbindungen von Trojanern oder andere illegale oder unerwünschte Verbindungen zwischen einem Rechner oder Rechnernetz und dem Internet zu identifizieren.

6.2   Der Virus

Vergleichbar mit einem biologischen Virus, der Menschen unbemerkt infiziert, ist auch ein Computervirus während des Infektionsvorgangs von Computern unsichtbar. Die Art und Weise, wie ein Computervirus funktioniert, kann sehr unterschiedlich sein. Viren können zum einen nach dem Weg klassifiziert werden, über den sie sich ausbreiten, und zum anderen darüber, welche Aktivitäten sie ausführen. Entsprechend kann man bei den Komponenten eines Computervirus auch zwischen Transportmittel und Nutzlast unterscheiden. Das Transportmittel ist die Art und Weise, derer sich der Virus bedient, um in ein System zu gelangen. Die Nutzlast ist das Programm, das ausgeführt wird, nachdem der Virus einen Rechner befallen hat. Beide Parameter sind nicht auf einzelne Methoden beschränkt. Ein Virus kann sich durch ein Trojanisches Pferd, durch Schwachstellen und Sicherheitslücken von Betriebssystemen oder Programmen, durch externe Speichergeräte oder mittels E-Mail verbreiten. Der Kreativität sind diesbezüglich kaum Grenzen gesetzt und so kommt es häufig vor, dass Schadsoftware durch aktives Handeln des Benutzers erst auf einen Rechner geladen und dort aktiviert wird. Dazu folgen an späterer Stelle noch weitere Ausführungen.

Das Spektrum von Aktivitäten, die durch Viren durchgeführt werden können, ist ebenfalls nahezu unbegrenzt. Zwei der ältesten bekannten Viren heißen „Stoned-Virus" und „Herbstlaub". Die Aktion des erstgenannten beschränkte sich darauf, eine Nachricht auf dem Bildschirm auszugeben, die verlangte, Marihuana zu legalisieren.

Der zweite Virus lies Buchstaben angezeigter Texte auf dem Bildschirm virtuell nach unten fallen, als würde ein Baum im Herbst seine Blätter verlieren. Was heute eher belustigend wirkt, war allerdings eine frühzeitige Warnung, dass wir die vollständige Kontrolle über unsere Daten verlieren könnten, wenn die neue Technologie sich weiterentwickeln würde und unreflektiert zum Einsatz käme.

Heute sind die Aktivitäten von Viren nicht annähernd so harmlos wie in den frühen Jahren der Personalcomputer und des Internets. Mittlerweile werden Viren gezielt von Kriminellen eingesetzt, um zum Beispiel Daten von Kreditkarten oder Bankkonten zu stehlen oder Zugang zu personenbezogenen Daten zu erhalten. Viren werden allerdings längst nicht nur von gewöhnlichen Kriminellen benutzt. Sie werden zur Spionage und zur Sabotage verwendet und wurden zum Teil schon eingesetzt, um kritische Infrastrukturen wie zum Beispiel Atomanlagen zu schädigen. Einige Viren und Schadprogramme bergen ein enormes Zerstörungspotential.

Sogenannte BOT-Viren werden verwendet, um private Rechner oder Firmencomputer zu kapern und sie als Teil eines eigenen Netzwerks für kriminelle Aktivitäten zu nutzen. Viren sind eine ständige Bedrohung für Unternehmen, nationale und internationale Volkswirtschaften und für die öffentliche Sicherheit.

In der Praxis schockieren immer wieder selbst ernannte Computerexperten, die zumeist ein trauriges Überbleibsel einer New Economy zu sein scheinen, mit Aussagen zu Sicherheitsprogrammen, welche deren Einsatz grundsätzlich in Frage stellen. Noch heute leidet die IT-Sicherheit unter diesen, vor einigen Jahren glücklicherweise gescheiterten, Auswüchsen in der IT-Branche. Kompetenz musste damals in einem Hype, den wir uns heute kaum noch in seinen Ausmaßen vorstellen können, der bloßen und unbegrenzten Gier weichen. So ist es kaum verwunderlich, dass sich bis heute in Softwaresystemen, Infrastrukturen, aber auch in den Köpfen einiger beratungsresistenter Berater Altlasten aus dieser Zeit finden lassen, die durchaus ein Gefahrenpotenzial in sich tragen, das ein Unternehmen massiv schädigen kann.

Einen Computer ohne spezielle Schutzprogramme (Firewall, AV[6]-Programm etc.) mit dem Internet kommunizieren zu lassen, kann am besten damit verglichen werden, dass man gleich nachdem man sich in den Finger geschnitten hat, in ein Becken springt in dem einige hungrige große weiße Haie herumschwimmen. Wer hier noch der Meinung ist, dass dabei nichts passieren kann oder dass Antivirenprogramme nur den Zweck erfüllen, den Herstellern hohe Einnahmen zu bescheren, sollte doch bitte nicht an IT-Anlagen im professionellen Umfeld herumbasteln.

---

[6] Anti-Virus.

Es mag durchaus eine Bereicherung für viele Nutzer und Anwender sein, wenn auf jedem Rechner eines Unternehmens eine Internetverbindung verfügbar ist. Der effektivste Weg im Kampf gegen Viren besteht jedoch darin, deren Ausbreitung zu verhindern. Daher stellt sich doch die grundlegende Frage, wieso jeder Mitarbeiter eines Unternehmens auf seinem Rechner eine Verbindung zum Internet benötigt. Noch weitergehende Fragen stellen sich im Bezug auf kritische Infrastrukturen. Wieso müssen die Computernetzwerke eines Atomkraftwerks, der Forschungs- und Entwicklungsabteilung eines Unternehmens, der Operationssaal einer Klinik und ein militärisches Hauptquartier an das Internet angeschlossen sein?

Das Internet war ursprünglich eine militärische Erfindung. Zwischenzeitlich hat es sich aber zum World Wide Web entwickelt, das für jedermann verfügbar ist und damit auch international jedem Geheimdienst, jeder Terrororganisation und jeder kriminellen Bande zur Verfügung steht.

Will man sich wirklich den Gefahren dieses Netzes aussetzen und beim Schutz von Geheimnissen, Patenten, Informationen oder Anlagen alleine darauf hoffen, dass Systemaktualisierungen rechtzeitig genug in die Firewall und den Antiviren- server eines Unternehmens eingespielt werden, bevor eine neu entdeckte Sicher- heitslücke von einem Angreifer genutzt wird?

Es ist möglich, sich effektiv vor Computerviren zu schützen.

Einige Firmen haben dazu Konzepte entwickelt, die interne Netzwerke, in de- nen sensible Daten verarbeitet werden, vollständig von Netzwerken entkoppeln, aus denen ein Zugriff auf das Internet besteht. Des Weiteren wird in solchen inter- nen Netzwerken die Nutzung von mobilen Geräten und Speichern durch techni- sche Maßnahmen verhindert. Wenn es aber keine Möglichkeit mehr für einen Virus gibt, in ein Netzwerk einzudringen, weil er dieses weder über eine LAN-Verbindung noch über einen externen Datenspeicher erreichen kann, kann dieses Netzwerk nicht infiziert werden. Auch für Hacker wäre es damit unerreichbar.

Häufiger als Netzwerke, die komplett von der Außenwelt getrennt sind, werden sich in der Praxis allerdings hybride Lösungen finden, die unter Einsatz umfangrei- cher Sicherheitsvorkehrungen zum Beispiel die Aktualisierung eines Virenpro- gramms zulassen, sonst aber keine Verbindungen ins Internet erlauben.

Da im Internet fast jeden Tag neue Bedrohungen oder neue Versionen von Schadsoftware auftauchen, ist es wichtig, professionelle Antivirensysteme zu ver- wenden, welche mindestens einmal am Tag automatisch nach Aktualisierun- gen suchen.

Manche Systemhäuser schließen immer noch den Einsatz von Antivirensoft- ware auf Systemen aus, auf denen von ihnen vertriebene oder entwickelte Pro- gramme laufen sollen. Setzen Sie nicht die Existenz Ihres Unternehmens aufs Spiel, nur weil die Entwickler einer solchen Firma nicht in der Lage sind, ordnungsgemäß funktionierende Software zu liefern. Generell sollten Sie keine Anwendungssoftware einsetzen, die den gleichzeitigen Betrieb von Antivirensystemen ausschließt.

▶ **Merksatz 9**: *Lassen Sie niemanden Ihre Computer anfassen, der die Meinung vertritt, man brauche keine Antivirenprogramme oder Firewalls.*

▶ **Merksatz 10**: *Verbinden Sie keine kritische Infrastruktur mit dem Internet.*

▶ **Merksatz 11**: *Sobald ein Rechner mit dem Internet verbunden ist, ist es essenziell, diesen durch professionelle Sicherheitssoftware und adäquate Hardware zu schützen und die Systeme regelmäßig zu aktualisieren.*

6.3 Die logische Bombe

Ein derartiges Schadprogramm – es kann sich dabei auch um ein ausführbares Skript handeln – ist am besten mit einer intelligenten Panzermine zu vergleichen, die nur dann explodiert, wenn mehrere Kriterien erfüllt sind. Wenn Sie aber erst einmal explodiert, dann hinterlässt Sie Zerstörung und Chaos.

Ein solches Programm kann die unterschiedlichsten Wege nutzen, um sich auszubreiten. Wenn es erst einmal in einem System aktiv ist, kann es zu einem vordefinierten Zeitpunkt oder bei Eintreten einer bestimmten Konstellation seine volle Wirkung entfalten. In IT-Kreisen wird seit Jahren kolportiert, dass der Einsatz logischer Bomben gerade bei Administratoren sehr beliebt sein soll. Es ist denkbar einfach, eine logische Bombe zu bauen und üblicherweise wird eine solche in einem System weder durch ein AV-Programm noch durch andere Sicherheitssoftware entdeckt. Das nachfolgende Beispiel beschreibt einen Fall, in welchem eine derartige logische Bombe durch einen Administrator eingesetzt wurde:

Der Administrator eines Unternehmens war – aus welchem Grund auch immer – in Streit geraten mit dem Geschäftsführer. Der Systemverwalter sah sich dabei als Opfer der Willkür seines Chefs und befürchtete, bei nächster Gelegenheit entlassen zu werden. In dieser Situation schrieb er ein Programm, kompilierte den

Code[7] und installierte das Programm in ausführbarer Form auf mehreren Servern des Unternehmens. Zunächst bestand die Tätigkeit dieses Programms einzig darin, einmal im Monat zu prüfen, ob das E-Mail-Konto des Administrators noch aktiv war. Nach einigen Monaten und der Fortsetzung des Scharmützels zwischen Chef und Administrator wurde letzterer dann gekündigt und für den Rest seiner verbleibenden Zugehörigkeit zum Unternehmen freigestellt. Nach einigen Tagen wurde sein E-Mail-Konto deaktiviert und nach weiteren drei Monaten vollständig gelöscht. Genau diese Löschung aktivierte nun die logische Bombe. Das Programm startete einen „Countdown" und nach etwa einem Jahr begann das Programm damit, Speicherschrott, also nicht zuordenbare Inhalte des Speichers, in zufällig ausgewählte Systemdateien zu schreiben, einige Dateien und Verzeichnisse zu löschen, sich dann selbst zu löschen und die entsprechenden Systeme neu zu starten.

▶ **Merksatz 12:** *Geraten Sie niemals in Streit mit Ihrem IT-Administrator. Falls Sie sich gezwungen sehen, ihn zu entlassen, zögern Sie damit keinen Augenblick und ändern Sie sofort alle relevanten Passworte und Zugangscodes.*

Derartige Angriffe aus dem Inneren eines Unternehmens oder einer Organisation sind extrem gefährlich, insbesondere da wir üblicherweise Angriffe auf unsere Systeme nur aus der Außenwelt erwarten würden. Theoretisch hätte der Administrator im beschriebenen Beispiel auch die Datensicherungen sabotieren können, was dann dazu geführt hätte, dass Systeme und Daten nicht mehr vollständig hätten hergestellt werden können.

Da die Mitarbeiter eines Unternehmens üblicherweise Zugangsrechte zu Systemen und Zugriffsrechte zu Daten und Informationen benötigen, um ihren beruflichen Aufgaben nachzugehen, ist es für Beschäftigte viel einfacher, Daten zu stehlen oder Systeme zu manipulieren oder zu sabotieren, als für außenstehende Dritte.

6.4   Der Keylogger

Ein Keylogger kann auf die gleiche Art und Weise in ein System gelangen kann wie ein Trojanisches Pferd oder eine logische Bombe. Deshalb ist es wichtiger, darüber nachzudenken, wie diese Malware arbeitet. Ein Keylogger ist eine spezielle Art von Datensammler. Er sammelt alle Eingaben, die über die Tastatur erfolgen. Dabei spielt es keine Rolle, welche Programme auf dem Rechner genutzt werden oder welcher Zweck durch die Rechnernutzung verfolgt wird. Der Keylogger protokolliert jede Nachricht

---

[7]Übersetzung des Programmiercodes in ausführbare Maschinensprache.

und jeden Befehl direkt, wenn dieser über die Tastatur eingegeben wird. Damit ist es nicht nur möglich, sich Passworte für alle Software-Systeme zu verschaffen, die auf einem infizierten Rechner genutzt werden; ein Keylogger kann nämlich Daten speichern, bevor diese verschlüsselt werden oder durch verschlüsselte Verbindungen übertragen werden. Einige Keylogger sind in der Lage, eine Verbindung zu einem Server im Internet aufzubauen und die im Rechner gesammelten Informationen dort hin zusenden.

6.5 Der Sniffer

Ein Sniffer[8] ist ein Programm, das den Netzwerkverkehr überwacht und Einblick gewährt in die übertragenen Datenpakete. Es wird in erster Linie zur Fehlersuche in Netzwerken eingesetzt, kann allerdings auch, worauf der Name hinweist, genutzt werden, um sich illegal Daten zu verschaffen. An dieser Stelle ergeht die Bitte an den Leser, derartige Software nur zu legalen Zwecken einzusetzen. Wie wir in Kap. 3 bereits gesehen haben, wird die Kommunikation innerhalb von Netzwerken durch das OSI-Referenzmodell beschrieben. Sniffer können sehr unterschiedliche Parameter protokollieren. Ein Paket-Sniffer kann zum Beispiel alle TCP-Pakete (OSI-Layer 4) protokollieren. Innerhalb dieser Pakete befinden sich Nachrichten und Daten, die über das Netzwerk übertragen werden. Soweit die Netzwerkkommunikation zwischen zwei Computern nicht verschlüsselt ist, können Nachrichten in TCP-Paketen als Klartext protokolliert gefunden und gelesen werden.

Sogar Abfragen zu Datenbanken und deren Ergebnissen können in TCP-Paketen gelesen werden. Die Abb. 6.1 zeigt einen Bildschirmausdruck des Programms Wireshark, eines der am häufigsten verwendeten Tools für die Netzwerkanalyse. Es kann leicht auch zum Ausspähen von Daten im Rahmen krimineller Aktivitäten missbraucht werden.

Jetzt stellt sich aber die Frage, wie es denn möglich ist, Daten mit einem derartigen Werkzeug auszuspähen. Vor einigen Jahren war es noch bedeutend einfacher, in einem Netzwerk den Datenverkehr mitzulesen, denn in den späten 90er-Jahren des vergangenen Jahrhunderts nutzten viele Netzwerke sogenannte Hubs für die Versorgung der einzelnen Netzwerkanschlüsse. Anstelle von Hubs werden heute Switches verwendet, deren Einsatz mittlerweile Standard ist. Bei beiden Geräten handelt es sich um Netzwerkverteiler, wobei allerdings nur noch die Switches dem heutigen Stand der Technik entsprechen dürften. Hubs wussten nicht, auf welchem Port[9] des Geräts ein bestimmter Computer angeschlossen war.

---

[8] Software zum Ausspähen von Daten.

[9] Port wird hier im Sinne von Anschluß verwendet und darf nicht mit dem Port der Socket-Adressierung verwechselt werden.

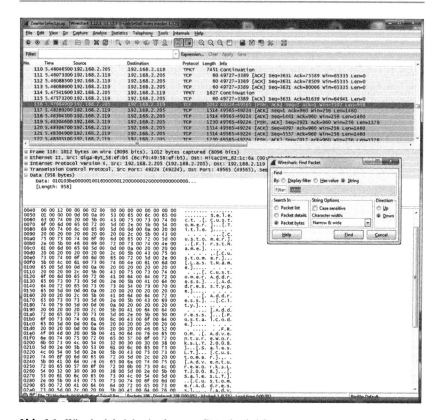

Abb. 6.1 Wireshark bei der Analyse von Datenbankabfragen

Daher wurde jedes Datenpaket, das über das Netzwerk übertragen wurde, an jeden der aktiven Ports des Hubs gesendet. Damit war es auch möglich, an jedem Anschluss des Hubs den vollständigen Datenverkehr innerhalb des Netzwerks zu protokollieren. Bei den heute eingesetzten Switches (Netzwerkverteiler) handelt es sich um intelligente Geräte. Das bedeutet, dass diese Geräte lernen, welcher Computer oder welches andere Gerät an einem bestimmten Anschluss des Switches angeschlossen ist. Der Switch lernt während des Betriebs die Struktur des Netzwerks kennen. Wenn der Switch nun weiß, welches Gerät über einen bestimmten Anschluss erreicht wird, dann werden Datenpakete für den entsprechenden Zielrechner auch nur noch über diesen Anschluss geleitet. Damit wird erst einmal das Mitprotokollieren des vollständigen Datenverkehrs innerhalb eines Netzwerks deutlich erschwert. Hat der Hacker jedoch Zugang zu einem konfigurierbaren Switch, kann er dort einen Überwachungsport definieren. Dieser ist eigentlich nur zu administrativen Zwecken und zur Analyse von Netzwerkproblemen vorgesehen. Wird ein Anschluss jedoch als Monitoring Port (Überwachungsport) definiert, so werden an diesen sämtliche Datenpakete weitergeleitet, die über den Netzwerkverteiler laufen. Auf diese Art können auch komplette Netzwerkinfrastrukturen so manipuliert werden, dass an einem bestimmten Port eines ausgewählten Switches die Kopie des gesamten Datenverkehrs eines Netzwerks ankommt. Ein solcher Fall ist aber nur möglich, wenn der Hacker auch physischen Zugang zu dem Monitoring Port hat. Wenn die Netzwerkverteiler nicht ausreichend durch Passworte gesichert und alle Netzwerkdosen, also auch die, die nicht benötigt werden oder sich in öffentlich zugänglichen Bereichen befinden, angeschlossen sind, dann ist es möglich, dass sich ein Angreifer über eine angeschlossene Netzwerkdose Zugang zum Netzwerk und Zugriff auf die Netzwerkverteiler verschafft und den genutzten Anschluss entsprechend einrichtet.

Der einfachste Weg, um Daten auszuspähen, besteht darin, einen Zugang zu einer Hauptverbindung des Netzwerks zu haben, wie zum Beispiel der Leitung zwischen einer zentralen Switch und einer Firewall. Läuft der gesamte Datenverkehr zwischen dem Unternehmensnetzwerk und dem Internet über diese Firewall beziehungsweise über die Leitung zwischen zentraler Switch und Firewall, ist es recht einfach, einen Sniffer-Computer zu installieren und den gesamten Datenverkehr mit dem Internet aufzuzeichnen.

Wir brauchen dazu nur einen Rechner, der über zwei Netzwerkkarten verfügt. Diese beiden Netzwerkkarten werden als Bridge konfiguriert. Das bedeutet nichts anderes, als dass alle Daten zwischen Unternehmensnetzwerk und Internet lediglich über die Bridge geleitet werden. Für einen Benutzer ist dieser Umstand üblicherweise nicht zu erkennen. Auf dem PC, der nun sämtliche Kommunikation mit dem Internet im wahrsten Sinne des Wortes über sich ergehen lassen muss, kann nun ausnahmslos jedes Datenpaket mitprotokolliert werden. Sämtliche Datenpakete können in diesem Fall auf eine ausreichend dimensionierte Festplatte geschrieben werden und stehen für die spätere Analyse bereit.

Ein Beispiel für die legale Nutzung eines solches Werkzeugs einschließlich der beschriebenen Bridge ist leicht nachzuvollziehen.

Im Rahmen eines Projektes wurde eine IP-basierte Telefonanlage in einem eigenen Netzwerksegment in Betrieb genommen. Die Arbeitsplatzrechner waren in einem anderen Netzwerk untergebracht und eine dort installierte CTI-Lösung sollte über die zwischen den Netzwerken befindliche Firewall mit dem Telefonserver kommunizieren. Während die Telefone sich ebenfalls in dem Netzwerk der Telefonanlage befanden, waren sogenannte Head-Sets an den Rechnern installiert, auf denen die CTI-Software genutzt wurde. Nach Inbetriebnahme konnten zwar Telefone die Head-Sets anrufen, aber die Sprache wurde bei Annahme des Anrufs nicht übertragen.

Also wurden auf beiden Seiten der Firewall Datenpakete aufgezeichnet. Wireshark verfügt dabei über die Fähigkeit, die Datenpakete wieder zu vollständigen Telefonaten zusammenzufügen. Diese kann man sich dann anhören, wenn am Rechner entsprechende Lautsprecher angebracht sind. Im konkreten Fall kamen tatsächlich keine Sprachpakete im CTI-Netzwerk an. Die Firewall-Ports, die zur Kommunikation erforderlich waren, wurden daraufhin überprüft. Schließlich wurde eine Fehlfunktion im Bereich der Software der Telefonanlage identifiziert, die dann auch behoben werden konnte.

Das Beispiel aus dem Jahr 2016 zeigt, wie Sniffer sinnvoll eingesetzt werden können. Es lässt aber auch erahnen, was derartige Werkzeuge in den falschen Händen anrichten können.

Ebenso wie die Aufzeichnung des vollständigen Datenverkehrs kann nämlich auch der vollständige Telefonverkehr aufgezeichnet werden, wenn das Unternehmen mit Voice over IP-Technologie arbeitet. Daher ist es eine wesentliche Maßnahme, dass der Zutritt zu Switches, Firewalls, Routern und Gateways für Dritte versperrt bleibt. Leider trifft man in der Praxis immer wieder auf Szenarien, bei denen im unverschlossenen Keller eines Firmengebäudes Telekommunikationsleitungen und Internetanschlüsse für jeden Angreifer erreichbar wären.

Ein Sniffer kann auch mit Filtern arbeiten, so dass nur ausgewählte Datenpakete aufgezeichnet werden. So kann zum Beispiel die IP-Adresse eines bestimmten Rechners als Filter verwendet werden, wenn dieser Rechner zum Beispiel Probleme bei der Netzwerkkommunikation oder beim Zugriff auf das Internet verursacht. Der Sniffer wird dann nur die Datenpakete aufzeichnen, die mit diesem Rechner ausgetauscht werden. Das macht die Menge der später zu analysierenden Daten deutlich übersichtlicher. Ein anderes Beispiel für den Einsatz eines Sniffers ist die Analyse von SQL-Abfragen für den späteren Einsatz von Technologien und Methoden aus den Bereichen Data Warehouse und Business Intelligence.[10]

---

[10]Analyse wirtschaftlicher Daten eines Unternehmens.

Was kann getan werden, um sich vor Angriffen mit Sniffer-Programmen zu schützen?

Zum einen muss hinsichtlich dieser Frage erst einmal darauf hingewiesen werden, dass Sniffer in den weitaus überwiegenden Fällen zum Auffinden von Problemen in komplexen Netzwerken benötigt werden und diesbezüglich unerlässlich sind. Daher gehören entsprechende Werkzeuge zum Standardrepertoire von Administratoren. Wie vorhergehend bereits erwähnt, besteht aber eine essenzielle Maßnahme gegen illegales Sniffing[11] darin, den Zutritt zu technischen Räumen und vor allem auch zu Serverräumen eines Unternehmens zu sichern. Es ist unbedingt zu vermeiden, dass unbefugten Personen Zutritt oder Zugang zu Computersystemen ermöglicht wird. Manche Computerräume in Unternehmen sind gesichert wie Fort Knox oder die Bank von England. Irgendwo im ungesicherten Keller des Gebäudes finden sich dann aber – wie oben bereits erwähnt – Telefonanschlüsse, Telefonverteiler, Telefonanalagen, Internetrouter und andere Kommunikationsgeräte. Einfacher kann man es einem Hacker wirklich nicht machen.

▶ **Merksatz 13**: *Verhindern Sie jede Möglichkeit des Zugangs zu Computersystemen, Netzwerkkomponenten und zentralen Kommunikationsanlagen, insbesondere zu Firewalls und Routern durch unberechtigte Personen.*

6.6 Die Hintertür

Der englische Begriff „Backdoor" ist in der Informatik international allgemein gebräuchlich. Der ursprüngliche Zweck dieser Methodik im Zusammenhang mit Computersystemen war die Absicht vieler Entwickler oder Systemadministratoren, im Notfall einen stets verfügbaren Zugriff zu einem System zu haben. Heute kann der Hintergrund für ein „Backdoor" auch durchaus im Unvermögen von Entwicklern liegen, in dem diese eine schlechte beziehungsweise fehlerhafte Codierung liefern, die es dann einem Angreifer ermöglicht, in ein System einzubrechen. So steht dieser Begriff also heute sowohl für eine geplante wie auch für eine versehentlich aufgetretene Möglichkeit, auf nicht regulärem Weg Zugriff auf ein System zu erhalten. Um derartige Hintertüren zu finden, analysieren Hacker normalerweise die Kodierung eines Systems. In der Vergangenheit hatten Programmierer manchmal in den Kern (engl. Kernel) eines Betriebsystems eine Hintertür eingebaut. Der Kern oder Kernel ist das Grundgerüst eines beliebigen Betriebsystems.

---

[11] Datengewinnung mittels einer Sniffer-Software.

In einem älteren Unix-System war es möglich, maximale Rechte auf sämtliche Daten, Programme und Funktionen zu erhalten, wenn man beim Boot-Vorgang[12] in der Kommandozeile ein simples Passwort als Parameter ergänzte. Es kann nicht ausgeschlossen werden, dass auch moderne Betriebssysteme noch über Hintertüren verfügen. Es reicht daher nicht aus, sich auf Zusicherungen von Softwareherstellern zu verlassen. Daher sollten Schutzmaßnahmen, die über die Fähigkeiten eines Betriebssystems hinausgehen, im Bereich professioneller Computernutzung obligatorisch sein.

▶   **Merksatz 14**: *Verlassen Sie sich niemals ausschließlich auf die angebliche Sicherheit eines Betriebssystems.*

---

[12] Hochfahren des Rechners und Laden des Betriebssystems.

Wechseldatenträger, USB-Geräte, Smartphones und andere mobile Geräte

7

Zusammenfassung

USB-Sticks und andere mobile Datenträger sind aus dem täglichen Umgang mit IT-Anlagen kaum mehr wegzudenken. Dabei wird mit diesen Medien meist recht sorglos umgegangen. Ein möglicher Grund hierfür könnte darin liegen, dass die Gefahren dieser Technik im Allgemeinen unterschätzt werden. Dieses Kapitel beschreibt daher die grundlegenden Gefahren für IT-Anlagen und Daten durch die Nutzung mobiler Geräte, externer Datenträger und Smartphones.

USB-Festplatten und insbesondere auch USB-Sticks haben in den vergangenen Jahren eine beeindruckende Kapazität und einen hohen Datendurchsatz erreicht. Heute sind sie unverzichtbare Komponenten in der Welt der Computer. Da Wechselmedien mittlerweile fast überall eingesetzt werden, denkt man bei der Nutzung dieser Technologie kaum an potenzielle Gefahren. Diese zumeist übersehenen Gefahren können sehr vielfältig sein und reichen von Virusinfektionen bis hin zur Spionage. Wenn wir uns an einen Vorfall im Zusammenhang mit Wikileaks erinnern, so wurden tausende von Dateien und Dokumenten veröffentlicht, die ein ehemaliger Beschäftigter des Pentagons[1] einfach auf einen USB-Stick kopiert und mitgenommen hatte. In der Vergangenheit wurden auch immer wieder Spionagefälle

---

[1] US-Verteidigungsministerium.

© Springer Fachmedien Wiesbaden GmbH, ein Teil von Springer Nature 2020   45
T. H. Lenhard, *Datensicherheit*, https://doi.org/10.1007/978-3-658-29866-1_7

bekannt, bei denen mit infizierten USB-Sticks gearbeitet wurde. Das Prinzip dahinter ist so einfach und zugleich effizient, dass man getrost davon ausgehen kann, dass Hacking mit USB-Sticks die einfachste, aber keineswegs erfolgloseste Variante des Einbruchs in Netzwerke darstellt. Dabei macht sich der Hacker die menschliche Neugierde zunutze. Nehmen wir an, ein Spion oder ein Hacker möchte in ein Unternehmensnetzwerk oder in das Netzwerk einer Behörde eindringen, aus dem heraus ein Zugriff auf das Internet möglich ist. Dann kann er früh morgens auf dem Parkplatz der Organisation gebrauchte USB-Sticks verteilen, die mit einem Trojaner oder Virus infiziert sind. Der weitere Fortgang dieser Methode ist in Kap. 6.1 bereits beschrieben worden. Wer nun aber denkt, dass ein Antivirenprogramm den Erfolg dieses Angriffs vereiteln würde, der liest am besten erst einmal weiter, was im folgenden Fallbeispiel beschrieben ist:

In einem Fall, an dem der Autor vor einiger Zeit selbst als Krisenmanager mitwirkte, besuchte ein Vertreter eines Unternehmens, welches medizinische Geräte herstellt, den Chefarzt einer medizinischen Fachabteilung einer Klinik. Noch bevor der Chefarzt überhaupt in der Lage war, dem Vertreter zu erklären, dass die Verwendung von USB-Sticks in der Klinik verboten wäre, hatte dieser ein solches Gerät bereits an einen Computer der Klinik angeschlossen, um eine Präsentation zu starten. Der USB-Stick war zu diesem Zeitpunkt bereits mit einem Virus infiziert, der das neueste Derivat einer Klasse besonders gefährlicher Viren darstellte. Der Virus war in der Lage, Antivirensysteme zu blockieren und hatte innerhalb weniger Sekunden bereits das gesamte radiologische Informationssystem der Klinik infiziert. Der Schaden war jedoch nicht nur auf dieses vergleichsweise kleine Netzwerk beschränkt. Der Virus konnte nämlich einen geöffneten Port in der Firewall nutzen, welcher offen sein musste, um aus dem Netz der Klinik Bilder der Radiologie ansehen zu können. Es dauerte nur wenige Minuten und der Virus hatte das Hauptnetz der Klinik befallen. Hiervon waren nun auch das Klinikinformationssystem, das Laborinformationssystem und weitere zentrale Systeme betroffen. Insgesamt mussten mehr als fünfhundert Rechner und Server von Viren befreit werden. Der Schaden, der durch die Vertreterpräsentation entstanden war, bezifferte sich auf etwa 300.000,- €. Die Klinik war zu diesem Zeitpunkt bestens mit Firewalls und Antivirenprogrammen ausgestattet. E-Mails wurden sogar durch drei verschiedene Antivirensysteme gescannt. Trotz alldem konnten die Sicherheitsvorkehrungen noch weiter verbessert werden. Nach dem Vorfall installierten die Administratoren ein System, das jedes nicht autorisierte USB-Gerät im gesamten Computernetzwerk blockierte und einen Alarm auslöste, wenn jemand versuchte, ein solches Gerät an einen Computer der Klinik anzuschließen. Obwohl jeder Mitarbeiter der Institution wusste, dass die Benutzung von Wechseldatenträgern strikt verboten war, gab es in den folgenden Wochen und Monaten täglich mehrere

Alarme. Einige der Angestellten wollten während der Arbeitszeit an privaten Dokumenten arbeiten. Andere beschwerten sich, dass sie ihren Kollegen keine Urlaubsbilder zeigen konnten oder dass es ihnen unmöglich war, während der Arbeitszeit an Bewerbungen für eine andere Institution zu arbeiten. Das Verhalten der Nutzer ließ hier jegliches Unrechtsbewusstsein vermissen. Auch wenn der geschilderte Fall nur zu einem relativ überschaubaren monetären Schaden führte, so zeigt er doch, dass es durchaus in einer Katastrophe enden kann, wenn die Geschäftsleitung eines Unternehmens oder die Leitung einer Behörde annimmt, Mitarbeiter würden sich uneingeschränkt an Vorgaben und Verbote halten. Das Beispiel zeigt aber auch, dass es im professionellen Umfeld nicht ausreicht, ein Antivirensystem einzusetzen, um Probleme durch externe Datenträger zu vermeiden. Gerade in Bereichen, in denen sensible Daten verarbeitet werden, ist es unverzichtbar, eine technische Lösung einzusetzen, welche die unbefugte Nutzung von externen Datenträgern verhindert.

▶   **Merksatz 15**: *Nutzen Sie eine technische Lösung, um die unautorisierte Nutzung mobiler Datenträger zu verhindern.*

Wenn dieses Kapitel abstrakte Begriffe wie mobile Datenträger oder mobile Geräte nutzt, so gelten diese Ausführungen selbstverständlich auch für Smartphones. Derartige Telefone bieten heute einen Funktionsumfang wie ein tragbarer Computer und können dabei ebenso wie ein USB-Stick als externer Datenspeicher verwendet werden. Damit eignen sie sich in der gleichen Weise wie USB-Geräte für die Verbreitung von Viren und Trojanern.

Manchmal ist es sinnvoll, USB-Sticks zu benutzen. Dabei sollte allerdings vermieden werden, dass Mitarbeiter private USB-Sticks verwenden. Vielmehr sollten USB-Sticks bei Bedarf durch das Unternehmen angeschafft und durch dieses verwaltet werden.

Je kleiner die Datenträger sind, desto wahrscheinlicher gehen sie irgendwann verloren. Daher sollen grundsätzlich keine sensiblen Daten auf einem USB-Stick gespeichert werden. Soweit es notwendig ist, solche Daten auf einem USB-Gerät zu speichern, gibt es spezielle USB-Sticks, die eine Verschlüsselung verwenden, die dem Stand der Technik entspricht. Einige dieser Geräte löschen sämtliche darauf befindliche Daten, wenn versucht wird, das Gehäuse zu öffnen oder eine sonstige Manipulation daran vorgenommen werden soll. Bei Verwendung eines solchen Datenträgers, der auch als SSD verfügbar ist, kann also ausgeschlossen werden, dass Daten bei Diebstahl oder Verlust durch unberechtigte Dritte eingesehen werden können.

▶ **Merksatz 16**: *Wenn es notwendig ist, sensible Daten auf einem externen/mobilen Datenträger zu speichern, dann verwenden Sie nur Geräte mit einer ausreichend starken Verschlüsselung oder speichern Sie vorverschlüsselte Dateien auf einem Gerät.*

Telefonsysteme 8

Zusammenfassung

Während nach und nach das bewährte Telefonnetz durch die neue VoIP-Technologie abgelöst wird, wird leider nur sehr selten darüber aufgeklärt, dass der Einsatz der sogenannten Internettelefonie auch massive Gefährdungen mit sich bringt. Daher werden auch VoIP-Telefonanlagen häufig ohne eine ausreichende Absicherung betrieben. Dieses Kapitel erläutert anhand konkreter Beispiele, wie die Gefährdung durch die Nutzung von VoIP-Telefonanlagen aussehen kann und wie man sich vor den entsprechenden Gefahren schützen sollte.

Das Telefon ist als integraler Bestandteil der alltäglichen Arbeit in einem Unternehmen längst nicht mehr wegzudenken. Mittlerweile nutzen viele Unternehmen Telefonsysteme, die auf der Basis des Internet Protokolls (IP) arbeiten. Diese Form der Telefonie wird gemeinhin als VoIP-Technologie bezeichnet. Dabei steht VoIP als Abkürzung für Voice over IP. Die Sprache wird dabei digitalisiert und mittels gewöhnlicher Internetkommunikation übertragen. Der Umstand, dass dabei Telefonanlagen mit dem Internet verbunden sind, macht diese zunehmend interessanter für Hacker. Diese greifen die oft schlecht gesicherten Telefonanlagen über das Internet an. Sind sie erst einmal in ein solches System eingedrungen, beginnen sie damit, Verbindungen mit exorbitant teuren, kostenpflichtigen Rufnummern im Nahen Osten oder im Südpazifik aufzubauen.

© Springer Fachmedien Wiesbaden GmbH, ein Teil von Springer Nature 2020   49
T. H. Lenhard, *Datensicherheit*, https://doi.org/10.1007/978-3-658-29866-1_8

Offensichtlich bringt der technische Fortschritt auch neue Probleme mit sich. Solange Telefonanlagen nicht mit dem Internet verbunden waren, konnten diese relativ sicher betrieben werden. Nun werden aber, durch den Einsatz neuer Technologien, zunehmend Telefonanlagen Angriffen aus aller Welt ausgesetzt. Mittlerweile sind solche Angriffe schon eher der Regelfall als die Ausnahme. In vielen Fällen ist es sogar erschreckend einfach, über das Internet in eine Telefonanlage einzubrechen, da im Rahmen der Inbetriebnahme häufig werkseitige Passwörter nicht geändert werden. In anderen Fällen sind Ports nicht ausreichend gesichert und können dazu verwendet werden, sich Zugang zu den Anlagen zu verschaffen.

Welche Folgen kann es haben, wenn Kriminelle Zugang zu einer Telefonanlage erlangen?

Im günstigsten Fall – was auch immer das bedeutet, wenn das System gehackt wurde – kostet ein Einbruch in die Telefonanlage ein Unternehmen nur ein paar tausend Euro.

Üblicherweise initiieren Hacker dann nämlich Telefonate zu einigen sehr teuren Telefondiensten. In einem Fall wurde der Angriff am Wochenende durchgeführt und montags darauf bereits entdeckt. Der Schaden, der dabei entstanden war, belief sich „nur" auf ca. 25.000,- Euro. Wenn ein solcher Angriff jedoch nicht sofort identifiziert wird, kann der Schaden bedeutend höher ausfallen und durchaus Dimensionen im sechsstelligen Bereich annehmen.

Wieso sollte das aber der günstigste Fall sein, in dem ein Unternehmen Geld verliert? Nun, in dem beschriebenen Fall hat das Unternehmen glücklicherweise nur Geld verloren. Soweit eine Telefonanlage nämlich in das Unternehmensnetz integriert ist, bedeutet ein erfolgreicher Angriff auf die Anlage, dass der Hacker bereits bis zu einem Server (Telefonanlage) mitten im Unternehmensnetzwerk vorgedrungen ist. In diesem Fall kann eine Telefonanlage dann als Ausgangsbasis dienen, weitere Systeme des Unternehmens anzugreifen. So könnten Einstellungen von einer Produktionsstraße manipuliert, Patente und technische Anweisungen könnten gestohlen oder andere destruktive Aktivitäten könnten ausgeführt werden. Ein derartiger Angriff bedeutet eventuell eine massive Gefährdung der Existenz eines Unternehmens. Bis hierher haben wir diesbezüglich nur über Unternehmen nachgedacht. Es könnte durchaus noch weitreichendere Folgen haben, wenn nicht ein Produktionsbetrieb, sondern eine Regierungsstelle, das Verteidigungsministerium eines Landes oder ein Atomkraftwerk auf eine solche Weise angegriffen würde.

Wie können wir uns vor Angriffen gegen Telefonsysteme (VoIP) schützen?

Eine VoIP-Telefonanlage muss in gleicher Weise gesichert werden wie alle anderen Computersysteme eines Unternehmens, die mit dem Internet verbunden sind.

Das bedeutet nichts anders, als dass ein solches System nur über ein geeignetes Firewall-System mit dem Internet kommunizieren darf. Die Konfiguration sowohl der Telefonanlage wie auch der Firewall sollte sorgfältig geplant werden. Viele moderne Telefonsysteme unterstützen CTI[1]-Lösungen. Diese Systeme verknüpfen häufig die Kontaktdaten von Office-Programmen mit der Möglichkeit, ein Telefonat über einen Mausklick am Rechner zu starten und entsprechend eine Nummer zu wählen. Eine derartige Verknüpfung von Arbeitsplatzrechner und Telefonanlage kann einen wichtigen Beitrag dazu leisten, Prozesse und Arbeitsabläufe effizienter zu gestalten. Allerdings ist hierfür auch eine Verbindung zwischen dem Computernetzwerk und dem Telefonsystem erforderlich.

Wir sollten akzeptieren, dass Telefonie und Computernetzwerk grundsätzlich unterschiedliche Technologien repräsentieren, auch wenn diese das gleiche Protokoll (TCP/IP) nutzen.

Angesichts der enormen Risiken durch Telefonanlagen, die mit dem Internet verbunden sind, wird daher dringend empfohlen, niemals Telefonapparate oder Telefonanlagen in das Computernetzwerk eines Unternehmens oder einer Institution zu integrieren.

▶   **Merksatz 17**: *Integrieren Sie niemals Telefonkomponenten in das Computernetzwerk, in dem Ihre Server und Clients kommunizieren.*

Aber wie kann ein Unternehmen mit CTI arbeiten, ohne diese unterschiedlichen Technologien in einem logischen Netzwerk zu betreiben?

Die Antwort ist denkbar einfach: Wie an früherer Stelle bereits erläutert wurde, sollte eine Telefonanlage nicht ohne eine professionelle Firewall mit dem Internet kommunizieren. Eine Firewall kann so konfiguriert werden, dass sie mit verschiedenen Netzwerken arbeitet.

Eines dieser Netzwerke ist das Internet. Das zweite in unserer Firewall definierte Netzwerk könnte das Kommunikationsnetz sein, in dem Telefone und die Telefonanlage installiert sind. Schließlich kann ein drittes Netzwerk in der Firewall eingerichtet werden, welches die Arbeitsplatzrechner und die Server des Unternehmens aufnimmt. Dem einen oder anderen Leser wird an dieser Stelle natürlich auffallen, dass zuweilen auch Proxy-Server in eigenen Netzwerksegmenten untergebracht sind. Dieser Umstand wird jedoch hier der Einfachheit halber ausgeblendet. Wenn in der beschriebenen Konstellation ein Angriff auf die Telefonanlage erfolgt und trotz der Absicherung über die Firewall erfolgreich wäre, wäre das Computernetzwerk immer noch geschützt, da es eine nochmalige Überwindung der Firewall bräuchte, um die dort befindlichen Server angreifen zu können.

---

[1] Computer Telephony Integration.

Dennoch können wir, trotz der Trennung der Netze durch die Firewall eine CTI-Lösung verwenden, da es möglich ist, die Kommunikation zwischen den Netzwerken über genau definierte Ports zu etablieren. Hierfür werden Zugriffsregeln in der Firewall eingerichtet. Mittels dieser Zugriffsregeln werden nur die Ports für eine Kommunikation freigegeben, die auch wirklich notwendig sind, damit zum Beispiel die eingesetzte CTI-Lösung fehlerfrei funktionieren kann. Die entsprechenden Regeln können dabei aber nicht nur steuern, welche Ports verwendet werden dürfen. Sie können auch genutzt werden, um die Rechner festzulegen, welche bestimmte Ports nutzen dürfen. Die Freigabe von Ports soll immer nach dem Minimalprinzip erfolgen.

▶   **Merksatz 18**: *Öffnen Sie niemals mehr Kommunikations-Ports und Verbindungsmöglichkeiten in einer Firewall, als dies für geplante Verbindungen unbedingt erforderlich ist.*

Abb. 8.1 gibt eine abstrakte Übersicht, wie Computernetzwerke und Telefonnetze durch eine Firewall getrennt werden sollten.

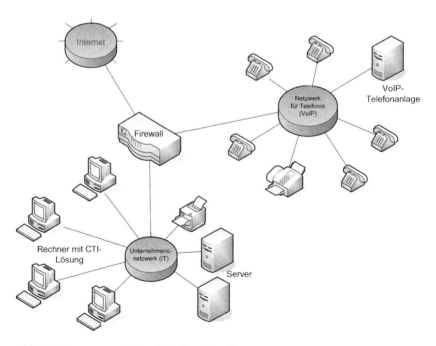

Abb. 8.1 Trennung von IT- und Telefonnetzwerk

Aber selbst wenn wir ein ausgesprochen hohes Sicherheitsniveau durch eine gut konfigurierte und professionelle Firewall erreichen und weitere Sicherungsmaßnahmen erreichen, ist es notwendig, abzuwägen, ob ein verbleibendes Restrisiko akzeptabel ist. Wenn das Computernetzwerk hoch vertrauliche Informationen/Daten enthält oder wenn es Teil einer kritischen Infrastruktur ist, wie zum Beispiel eines Kernkraftwerks, dann sollte es niemals eine Verbindung zu einer Telefonanlage geben, die mit dem Internet verbunden ist. Im Bereich kritischer Infrastrukturen muss alles vermieden werden, was jetzt oder in Zukunft ein Sicherheitsproblem verursachen könnte. Die optimale Lösung für kritische Infrastrukturen besteht darin, nicht mit dem Internet verbunden zu sein.

▶ **Merksatz 19**: *Verbinden Sie niemals eine kritische Infrastruktur mit dem Internet oder mit einem Telefonsystem, das über eine Internetverbindung verfügt.*

Da es grundsätzlich erforderlich ist, ein Telefonsystem mit Verbindung zum Internet genauso zu sichern, wie Computersysteme, ist es erforderlich, dass ein solches System auch regelmäßig mit Sicherheits-Updates aktualisiert wird. Zum Abschluss dieses Kapitels über die Gefahren durch Telefonanlagen soll nochmals darauf verwiesen werden, wie einfach es ist, Telefongespräche, die mittels VoIP-Technologie geführt werden, aufzunehmen, zu rekonstruieren und entsprechend anzuhören. Im Kap. 6.5, welches sich mit dem Thema Sniffer befasst, wurde bereits Entsprechendes angesprochen. Dazu ist eine entsprechende Software erforderlich, die meist kostenlos im Internet verfügbar ist. Außerdem wird ein Computer benötigt. Dieser Computer braucht keine leistungsstarken Komponenten. Er muss lediglich über zwei Netzwerkkarten mit RJ45-Anschluß verfügen und mit einem aktuellen Betriebssystem ausgestattet sein. Wenn ein Hacker oder Spion Zugang zu dem Raum des Unternehmens oder der Institution erhält, in welchem der Router für Internetzugriffe und VoIP dieser Organisation platziert ist, ist es ausgesprochen einfach, den gesamten Datenaustausch der Organisation mit dem Internet aufzuzeichnen. Das weitere Prozedere war bereits an früherer Stelle beschrieben worden. Derartige Aktivitäten sind prinzipiell an jedem wichtigen Netzwerkknoten denkbar.

Der Autor möchte nicht, dass Sie in Schwierigkeiten geraten. Bitte nutzen Sie daher die hier beschriebenen Methoden nur für legale Zwecke. Stellen Sie sicher, dass keine unbefugte Person Zutritt oder Zugang zu Informations- oder Kommunikationssystemen Ihrer Organisation hat. Die Realisierung dieser Vorgabe erfordert, dass alle Räume, die wesentliche Computersysteme oder Telekommunikationsanlagen enthalten, ausreichend gesichert werden müssen.

▶ **Merksatz 20**: *Schützen Sie alle Komponenten und Geräte der Compu-
ter- und Telekommunikationsanlagen gegen unberechtigten Zugang
und unautorisierte Zugriffe.*

Die größte Gefahr in einer digitalisierten Welt

9

Zusammenfassung

Datensicherheit beginnt in den Köpfen der Menschen. Wer sich nicht vorstellen kann, welche Schäden durch mangelhafte Vorkehrungen zum Schutz von Unternehmensdaten entstehen können, neigt möglicherweise zu einem sorglosen Umgang mit Daten und Systemen. Das Kapitel erläutert, dass Datensicherheit keine ausschließliche Frage der eingesetzten Technik ist, sondern auch ein verantwortungsvolles Handeln von Mitarbeitern erfordert.

Der digitalen Welt drohen vielerlei Gefahren. In den vorangegangenen Kapiteln wurden einige dieser Gefahren beschrieben, welche IT-Anlagen bedrohen können. Dazu gehören Feuer, Wasserleckagen, Blitzschlag, technische Probleme, Viren, logische Bomben oder Angriffe durch Hacker oder Saboteure. Die weitaus größte Gefahr für die digitale Welt ist jedoch der Mensch[1] und insbesondere der Mitarbeiter oder ein Mitglied der eigenen Organisation.

Manchmal können sogar der Administrator oder der IT-Leiter selbst die größte Gefahr für ein Computersystem darstellen. Die folgenden Ausführungen werden diese These untermauern.

---

[1] Muench, Technisch-organisatorischer Datenschutz, 4. Auflage, DATAKONTEXT, Heidelberg, 2010, (S. 202).

Werfen wir zunächst noch einmal einen Blick auf die Affäre um Wikileaks. Die Veröffentlichung geheimer Unterlagen soll in diesem Buch keinesfalls bewertet werden. Vielmehr betrachten wir uns die Fakten, wie es überhaupt zu der Affäre gekommen ist: Ein Soldat, der im US-Verteidigungsministerium beschäftigt war, kopierte tausende teilweise geheime Dokumente auf einen USB-Stick und auf eine CD-ROM, welche laut Beschriftung Musikvideos beinhalten sollte. Er verließ das Gebäude mitsamt der erbeuteten Daten und lud diese wenig später auf die Server von Wikileaks. Das war eigentlich schon die ganze Geschichte. Dabei ist es für die Betrachtung im Folgenden nicht wesentlich, welches die Beweggründe für dieses Handeln waren. Es ist nur relevant, was hier passiert ist. Dieser Fall kann durchaus aus mehreren Blickwinkeln betrachtet werden. Er belegt jedoch, dass Mitarbeiter eine allgegenwärtige Gefahr für die Datensicherheit sein können. Im beschriebenen Sachverhalt gab es eine Person, die sich nicht loyal gegenüber ihrem Arbeitgeber (US-Verteidigungsministerium) verhielt. Es gab allerdings auch Personen, die ihre Arbeit offensichtlich nicht gewissenhaft erledigt haben.[2] In den Jahren 2009 und 2010 gab es bereits Methoden, die das Kopieren der Daten technisch hätten verhindern können. Die verantwortlichen Personen für die IT-Sicherheit scheiterten jedoch völlig hinsichtlich einer Weitergabekontrolle und der Verhinderung unberechtigter Zugriffe auf Dateien. Dadurch wurde der Datendiebstahl wesentlich vereinfacht oder sogar erst ermöglicht. Anders gesagt ist die gesamte Wikileaks-Affäre ausschließlich auf menschliches Fehlverhalten zurückzuführen.

Menschliches Fehlverhalten zeigt sich jedoch nicht nur in einem derart sensiblen Umfeld.

Friedrich Nietzsche prägte durch eine Veröffentlichung von 1878 mit dem Titel „Menschlich – als zu menschliches", einen Ausspruch, der bis heute nicht an Aktualität verloren hat. Für den Bereich der Datensicherheit bedeutet dies, dass der menschliche Einfluss als wesentlicher Qualitätsfaktor der Datensicherheit gesehen werden muss. Dabei muss auch mit einer Vielzahl menschlicher Unzulänglichkeiten gerechnet werden, wozu insbesondere Unwissenheit, Unbesonnenheit, Unehrlichkeit, Mangel an Loyalität und Unzuverlässigkeit zu zählen sind.

Im selben Jahr, in dem sich die Wikileaks-Affäre zutrug, waren selbst kleine und mittelständige Betriebe in Europa bereits mit Softwaresystemen ausgestattet, die Alarm auslösten, wenn jemand versuchte, ohne entsprechende Autorisierung eine externe Festplatte oder einen USB-Stick an einen Computer im Firmennetz anzuschließen.

---

[2] vgl. http://www.dallasnews.com/news/news/2010/11/30/wikileaks-suspect-believed-to-have-used-cd-memory-stick-to-get-past-pentagon-security. Zugegriffen am 17.04.2017.

Erstaunlich ist, dass Mitarbeiter in den seltensten Fällen ein schlechtes Gewissen zeigen, wenn Sie bei derartigen, für das Unternehmen höchst gefährlichen Aktionen erwischt werden.

Wir sollten also getrost davon ausgehen, dass es zumindest in jeder mittelgroßen oder großen Organisation Mitarbeiter gibt, die sich nicht im Geringsten um die Sicherheit von IT-Systemen oder Daten kümmern.

Wie können wir mit der größten aller Gefahren für die Datensicherheit umgehen?

Zuallererst ist es notwendig, Mitarbeiter im Hinblick auf die Systemsicherheit zu schulen und sie für die Belange von Datenschutz und Datensicherheit zu sensibilisieren. Darüber hinaus ist es sinnvoll, die Mitarbeiter darauf zu verpflichten, die betrieblichen Regeln einzuhalten und sie über die möglichen Konsequenzen von Zuwiderhandlungen gegen Dienst- und Verfahrensanweisungen zu belehren. Soweit dies im Unternehmen oder in der Organisation möglich ist, sollten Mitarbeiter an der Ausarbeitung und Umsetzung von Sicherheitskonzepten beteiligt werden.

Aber bereits ein einzelner Mitarbeiter, der sich nicht an die Vorgaben zu Datenschutz und Datensicherheit hält, kann beträchtlichen Schaden im Unternehmen verursachen. Deshalb ist es notwendig, alle erforderlichen technischen Schutzmaßnahmen umzusetzen und auf einem stets aktuellen Stand zu halten.

▶   **Merksatz 21**: *Vertrauen Sie hinsichtlich der Datensicherheit nicht darauf, dass sich Mitarbeiter an die Vorgaben des Unternehmens halten werden.*

▶   **Merksatz 22**: *Zugriffsrechte sollten umfassend dokumentiert sein. Kein Mitarbeiter darf mehr Zugriffsrechte besitzen, als er benötigt, um seine betrieblichen/dienstlichen Aufgaben zu erfüllen.*

Zerstörung von Daten 10

Zusammenfassung

In Agentenfilmen der 1970er-Jahre vernichteten sich Dokumente regelmäßig selbstständig, nachdem sie gelesen waren und damit der Zweck der Speicherung entfallen war. Die Wirklichkeit sieht leider so aus, dass viele Systeme in den vergangenen Jahrzehnten konstruiert und programmiert wurden, um Daten zu speichern. Lange Zeit galt es als Qualitätsmerkmal für Archivsysteme, dass diese unfähig waren, einmal gespeicherte Daten zu löschen oder zu verändern. Die heutige Gesetzgebung verlangt jedoch, dass Daten mit Personenbezug zu löschen sind, wenn der Zweck der Speicherung entfallen ist oder eine gesetzliche Aufbewahrungsfrist verstrichen ist. Daneben gibt es noch eine Vielzahl weiterer Gründe, die eine Löschung von Daten erforderlich machen. Das Kapitel beschreibt, welche Probleme sich beim Löschen oder Vernichten von Daten ergeben können und liefert entsprechende Lösungsansätze.

Bislang haben wir darüber nachgedacht, was unseren Datenbeständen zustoßen kann. In diesem Kapitel werden wir uns jedoch nicht mit Unfällen, zufälliger Zerstörung oder Computersabotage befassen. Vielmehr werden wir uns nun damit befassen, Daten vorsätzlich und mutwillig zu zerstören, und zwar in der Art, dass diese niemals mehr wiederhergestellt werden können. Das scheint jetzt zunächst ein Widerspruch zu sein, einerseits über Datensicherheit zu schreiben und

© Springer Fachmedien Wiesbaden GmbH, ein Teil von Springer Nature 2020
T. H. Lenhard, *Datensicherheit*, https://doi.org/10.1007/978-3-658-29866-1_10

andererseits die endgültige und komplette Zerstörung von Daten zu erörtern. Sichere Datenlöschung ist eine wesentliche Aufgabe im Rahmen der Datensicherheit. Das folgende Beispiel wird erläutern, wieso es in bestimmten Situationen wichtig ist, Daten endgültig zu löschen.

Nehmen wir zunächst an, dass die IT-Infrastruktur eines Unternehmens oder einer Organisation erneuert werden soll. Was passiert dann mit den alten, in Kürze ausgesonderten Computern, Servern und Speichersystemen? Einige Unternehmen verkaufen gebrauchte Computer an ihre Mitarbeiter, nachdem Daten, die sich auf den Systemen befinden, gelöscht wurden.

Häufig werden Computer an Mitarbeiter verkauft, auf denen noch ein Betriebssystem installiert ist. Das dürfte in den meisten Fällen ein Problem hinsichtlich der Lizenzierung darstellen. Deshalb werden manchmal auch Festplatten formatiert, bevor sie mit oder ohne Rechner verkauft werden. Aber es gibt viele kostenlose Softwareprogramme im Internet, die man dazu verwenden kann, gelöschte Daten wiederherzustellen oder um Daten von Festplatten zu rekonstruieren, die zuvor formatiert wurden. Es ist mittlerweile sogar möglich, Daten von defekten Festplatten wiederherzustellen. Daher reicht es nicht aus, Daten von einer Festplatte zu löschen oder in den Papierkorb eines Betriebssystems zu verschieben.

Um zu erläutern, warum gelöschte Daten oft nicht wirklich gelöscht sind, erscheint es sinnvoll, einen Blick auf die Methoden zu werfen, wie einige Betriebssysteme Daten speichern und wie die Löschfunktion bei solchen Systemen realisiert ist. Bevor wir Daten auf einer Festplatte speichern können, ist es notwendig, zunächst die Art und Weise festzulegen, wie die gespeicherten Daten auf dem Datenträger organisiert werden. Diese Auswahl und die damit einhergehende Initialisierung eines Datenträgers werden Formatierung genannt. Gängige Formate sind zum Beispiel FAT32 und NTFS für Windows-Systeme oder ext3 bei Verwendung von Linux-Betriebssystemen.

Wenn Sie eine Datei auf einem Microsoft Windows-Betriebssystem löschen und danach den Papierkorb des Systems öffnen, finden Sie die gelöschte Datei genau dort und Sie können sie mit dem Kontextmenü (rechte Maustaste) jederzeit wiederherstellen. Was ist mit dieser Datei passiert? Ganz offensichtlich ist sie nicht wirklich gelöscht worden. Physikalisch befinden sich alle Teile der Datei noch an der gleichen Stelle des Datenträgers, an der sie sich vor der Löschung befunden haben. Lediglich der Link zu dieser Datei ist aus einem beliebigen Verzeichnis in den Papierkorb verschoben worden. Aus diesem Grund finden sich manchmal im Papierkorb eines Betriebssystems Dateien oder sogar vollständige Verzeichnisse, die über einen Zeitraum von Jahren „gelöscht" wurden.

Im Kontextmenü des Papierkorbs steht eine Funktion zur Verfügung, womit Dateien oder Verzeichnisse aus dem Papierkorb gelöscht werden. Diese Funktion heißt „Papierkorb leeren". Eigentlich würde man annehmen, dass mit dem Leeren des Papierkorbs eine Datei unwiederbringlich verloren oder gelöscht wäre. Das ist allerdings auch nach der Verwendung dieser Funktion längst noch nicht der Fall. Nach wie vor kann man davon ausgehen, dass alle Teile einer Datei zunächst noch physikalisch auf der Festplatte vorhanden sind. Lediglich wird der Speicherplatz, der für eine entsprechende Datei reserviert war, freigegeben, wenn diese im Papierkorb angezeigt wurde und der Papierkorb geleert wird. Zu Zeiten, in denen Festplattenkapazitäten noch in Megabyte angegeben wurden, wurde freigegebener Speicherplatz häufig recht schnell neu vergeben. Mittlerweile ist Speicherplatz heute längst nicht mehr so rar und wertvoll wie in den vorangegangenen Jahrzehnten. Bei Datenträgern mit einer Kapazität von mehreren Terabyte kann es je nach Nutzung eines Rechners Jahre dauern, bis freigegebene Speichersegmente neu beschrieben werden und damit ein Teil einer gelöschten Datei oder eine vollständige Datei nicht mehr auf dem Speichergerät präsent ist. Solange vermeintlich gelöschte Dateien nicht überschrieben wurden, ist es möglich, diese wiederherzustellen. Dazu gibt es zahlreiche teils kostenlose Programme, die Datenträger durchsuchen, wiederherstellbare Daten anzeigen und Dateien wiederherstellen können, die ein Nutzer bereits vor Jahren mit den Mitteln des Betriebssystems gelöscht hat.

Von Hackern und kriminellen Subjekten ist es bekannt, dass diese auf Flohmärkten oder im Internet alte Computersysteme oder Festplatten kaufen und versuchen, Daten auf diesen Systemen wiederherzustellen. Selbst Formatierungen, die davor warnen, dass bei Ausführung alle Daten verloren gehen, können mittels entsprechender Software rückgängig gemacht werden, zumindest soweit es sich bei den verwendeten Speichergeräten um Magnetdatenträger handelt. Bei derartigen Wiederherstellungen ist es nicht ausgeschlossen, dass Kriminellen Kreditkartennummer und sonstige für diese nützliche Daten und Informationen in die Hände fallen.

Wiederherstellungssoftware ist ausgesprochen nützlich, wenn Datenträger beschädigt wurden oder versehentlich Daten gelöscht worden sind. Allerdings können, wie wir hier gesehen haben, entsprechende Systeme auch für kriminelle Aktivitäten verwendet werden.

Aus diesem Grund ist es erforderlich, Daten unwiederbringlich zu löschen. Sicheres Löschen kann so definiert werden, dass durch die Verfahrensweise des Löschens die betroffenen Daten nicht mehr mit einem vertretbaren Aufwand wiederhergestellt werden können. Der vertretbare Aufwand hängt natürlich auch von der Brisanz der gelöschten Daten ab. Handelt es sich dabei zum Beispiel um Staatsgeheimnisse, die auf einem Rechner oder Server gespeichert waren, sollte unbedingt die Festplatte zerkleinert werden (Schredder).

Softwarewerkzeuge, die speziell für eine sichere Löschung von Daten konzipiert sind, können aus dem Internet ebenso wie Programme zur Datenwiederherstellung teilweise kostenlos heruntergeladen werden. Brauchbare Systeme löschen eine Datei oder ein Verzeichnis nicht nur, sondern überschreiben die Datenblöcke bis zu 36-mal, so dass es eher unwahrscheinlich ist, die so gelöschten Daten noch einmal rekonstruieren zu können. Um von einer sicheren Lösung sprechen zu können, sollten Daten mindestens sieben Mal überschrieben werden. Einige Löschwerkzeuge sind in der Lage, vollständige Festplatten sicher zu löschen.

Soll eine Festplatte vollständig zerstört werden, so empfiehlt es sich, wie oben schon erwähnt, das Gerät vollständig in kleine Stücke zu zerlegen. Üblicherweise nutzt man hierfür spezielle Schredder.

Hitzeeinwirkung oder starke Magnetfelder sind häufig keine geeigneten Methoden, um Daten auf herkömmlichen Magnetdatenträgern vollständig zu zerstören, es sei denn, dass durch die Hitzeeinwirkung der Datenträger geschmolzen wird. Hinsichtlich der Zerstörung von Festplatten gibt es viele verschiedene, zum Teil sehr kreative aber auch abstruse Methoden. Eine derartige Kuriosität ist in Abb. 10.1 zu sehen. Bei den beiden Metallscheiben handelt es sich um die magnetischen Datenspeicher aus dem Inneren einer herkömmlichen Festplatte. Die hier gezeigte „texanische" Methode der Datenlöschung mag zwar möglicherweise belustigend sein, eine sichere Datenlöschung des gesamten Datenbestands der Festplatte erfolgt dabei aber nicht. Mit speziellen Geräten der Computerforensik könn-

Abb. 10.1 Kaliber .44 Magnum und andere kreative Ideen eignen sich nicht als sichere Methode der Datenvernichtung

ten selbst aus diesem stark beschädigten Datenträger noch Daten rekonstruiert werden. Man sollte daher nicht versuchen, eigene Verfahren der Datenträgervernichtung zu entwickeln und die Datenträger durch zertifizierte Fachunternehmen zerstören lassen. Wohlgemerkt, eine Festplatte wird in der Regel dann zerstört, wenn darauf besonders sensible Daten gespeichert waren. Ein solcher Datenträger taugt nicht für die Durchführung von Experimenten.

Dateisysteme weiterer, hier nicht im Detail betrachteter Betriebssysteme verwenden andere Methoden, um Daten zu organisieren und zu löschen. Werkzeuge für eine sichere Löschung sind jedoch für fast alle Betriebssysteme verfügbar.

Die effektivste Methode, Festplatten zu zerstören, besteht natürlich darin, diese zu zerkleinern. Dabei spielt das Betriebssystem dann keine Rolle mehr.

Derzeit sind immer mehr Rechnersysteme mit speicherchipbasierten Datenträgern (SSD[1]) ausgestattet. Diese Art der Datenträger haben keine beweglichen Teile wie herkömmliche Festplatten. Ihre Funktionsweise ähnelt der eines USB-Sticks. Wenn auf einem solchen Datenträger ein Systemfehler auftritt, ist es in den meisten Fällen nicht möglich, die Daten wiederherzustellen, da viele Hersteller die Algorithmen nicht veröffentlichen, mit welchen die Daten auf derartigen Datenträgern verwaltet werden. Zwar finden sich in der Literatur einige Beschreibungen, wie einfach es wäre, Daten sicher von SSD-Geräten zu löschen. Da jedoch die meisten Speicheralgorithmen nicht öffentlich verfügbar sind und somit grundlegendes Wissen über die innere Struktur vieler dieser Speichergeräte fehlt, erscheint eine pauschale Aussage über den Grad der Sicherheit des Löschens diesbezüglich verfehlt. Soweit vertrauliche Daten auf einem derartigen Datenträger gespeichert waren, erscheint es daher als zweifellos sicherste Variante des Löschens, SSD-Geräte generell zu zerkleinern.

Ein Praxisbeispiel wird im Folgenden zeigen, dass ausgesonderte Computer oder Server manchmal einfach in Vergessenheit geraten, obwohl noch sensible Daten darauf gespeichert sind.

Im Rahmen eines Sabotageaktes, welcher durch einen ehemaligen Softwareentwickler des betroffenen Unternehmens verübt wurde, wurden Entwicklungen aus einem Zeitraum von mehr als zwei Jahren gelöscht. Der Saboteur hatte nicht nur die Serververzeichnisse des wichtigsten Projekts des Unternehmens gelöscht, sondern auch die Datensicherungen manipuliert. Zunächst schienen damit die Projektdaten verloren zu sein. Da dieser Umstand eine Bedrohung für die Existenz des Unternehmens darstellte, wurde zeitnah ein Sachverständiger für Informationstechnologie konsultiert. Der Sachverständige erkannte bereits im Rahmen des Erstgesprächs, dass es sich bei dem Server, dessen Verzeichnisse teilweise gelöscht

---

[1] Solid State Disk.

waren, um die neueste Baureihe eines bekannten Herstellers handelte. Das vorge-
fundene Modell war erst seit kurzer Zeit auf dem Markt verfügbar. Aus diesem
Grund wurde zunächst hinterfragt, wann die Migration des Servers auf die neue
Hardware stattgefunden hatte. Dieser Vorgang lag nach Bekunden der Firmenlei-
tung zum Zeitpunkt des Gesprächs nicht einmal vier Wochen zurück. Die nächste
Frage zielte dann darauf, ob der alte Server gelöscht und entsorgt worden wäre.
Darauf gab es zunächst keine Antwort. Niemand der Anwesenden konnte zu diesem Zeitpunkt sagen, wie mit dem ausgesonderten Server verfahren worden war.
Nach kurzer Suche wurde das Gerät dann in einem offenstehenden Kellerraum des
Gebäudes gefunden. Sämtliche bei der Migration auf den neuen Server übertragenen Daten waren noch auf dem Gerät gespeichert und es war möglich, unter Zuhil-
fenahme einiger Aufzeichnungen, die jüngste Version des Entwicklungsprojekts
damit zu rekonstruieren.

Auch wenn die besonderen Umstände dieses Falles ein für das Unternehmen
gutes Ende ermöglichten, ist es absolut inakzeptabel, dass ein System mit den
wichtigsten Geschäftsgeheimnissen und Entwicklungen eines Unternehmens in
einem offenen Keller eines, von mehreren Unternehmen genutzten, Gebäudes entsorgt oder in einer finsteren Ecke vergessen wird. Es war ein eher glücklicher Zu-
fall, dass das Gerät nicht gestohlen wurde.

Eine weitere Gefahrenquelle wird im Zuge der Datenvernichtung auch häufig
unterschätzt. Es ist nicht ausreichend, sich um die Löschung elektronischer Daten
zu kümmern. Es kann ebenso ein hohes Risiko bergen, wenn ein Unternehmen sich
nicht um eine sichere Papierzerkleinerung kümmert. Dokumente aus Büros, Ministerien, Organisationen oder Anwaltskanzleien können schwerwiegende Probleme
verursachen, wenn sie in falsche Hände geraten. Daher sollten Papierdokumente
auch ausreichend sicher vernichtet werden, wenn diese nicht mehr gebraucht werden. Günstigerweise sollte eine Zerkleinerung von Papierseiten horizontal und ver-
tikal verfolgen, wobei möglichst kleine Schnipsel erstrebenswert sind. Im Falle der
Zerkleinerung von hoch vertraulichen Daten ist es sinnvoll, die Schnipsel zu
verbrennen.

▶   **Merksatz 23**: *Verwenden Sie nur sichere Methoden zur Daten-
    löschung.*

▶   **Merksatz 24**: *Vergessen Sie keine Geschäftsgeheimnisse oder sensib-
    len Daten auf ausgesonderten Geräten.*

Datensicherung und Wiederherstellung von Daten

11

Zusammenfassung

Wie wichtig eine Datensicherung ist, merkt der Benutzer in aller Regel erst dann, wenn es notwendig ist, die entsprechende Sicherung zur Wiederherstellung eines Systems zu verwenden. Manchmal ist es in einem Unternehmen über Jahre hin nicht erforderlich, eine Datensicherung zu verwenden. Das kann durchaus auch zu Nachlässigkeit im Umgang mit der Datensicherung führen. Wenn jedoch eine Havarie eintritt, so kann eine gut durchdachte und gewissenhaft ausgeführte Datensicherung unter Umständen den Fortbestand eines Unternehmens sichern. Das Kapitel zeigt häufige Fehler im Zusammenhang mit der Datensicherung und erläutert einige Verfahrensweisen, welche die Folgen von Schadensereignissen deutlich reduzieren können.

Zunächst sollte hier betont werden, dass das Einspielen einer Datensicherung die Ultima Ratio aller Maßnahmen darstellt, wenn ein System oder eine Datenbank zerstört wurde und nicht mehr auf andere Weise verfügbar gemacht werden kann.

In manchen Fällen werden Datensicherungen auch zweckentfremdet verwendet. Dabei kann es durchaus auch darum gehen, das Finanzamt zu betrügen. Ein derartiger Fall ist von einem Arzt bekannt, der regelmäßig mehrere Rechnungen mit derselben Rechnungsnummer schrieb. Es ist davon auszugehen, dass pro Rechnungsnummer nur ein Beleg an das Finanzamt gemeldet wurde. Um diese

© Springer Fachmedien Wiesbaden GmbH, ein Teil von Springer Nature 2020   65
T. H. Lenhard, *Datensicherheit*, https://doi.org/10.1007/978-3-658-29866-1_11

Betrügerei zu verwirklichen, erstellte der Arzt eine Sicherungskopie einer Datenbank, bevor er in der zur Datenbank gehörigen Software eine Rechnung erstellte. Nach Rechnungserstellung und Ausdruck spielte er sofort die Datensicherung zurück und hatte die gleiche Rechnungsnummer erneut zur Verfügung.

Für derartige Auswüchse sind Datensicherungen nicht gedacht. Dem Leser wird dringend empfohlen, etwas Derartiges nicht selbst auszuprobieren oder gar bei anderen Personen zu unterstützen.

Wie wir in den vorangegangenen Kapiteln gesehen haben, kann eine Sicherung für jede Organisation von unschätzbarem Wert sein, wenn ein Hackerangriff stattgefunden hat, ein Virus in das System eingedrungen ist, Daten verschlüsselt wurden oder wenn Systeme durch Wasser, Feuer oder sonstige Einwirkungen zerstört wurden. In derartigen Situationen ist ein Backup häufig tatsächlich die letzte Chance, ein System wiederherzustellen. Deshalb ist es notwendig, Sicherungen umfassend zu planen und regelmäßig zu überprüfen, ob eine Rücksicherung möglich ist. Die Art und Weise, wie die Datensicherung geplant wird, ist abhängig von der Bedeutung des gesicherten Systems und von der Menge an Daten, die dort gespeichert und verarbeitet werden.

Auch wenn es deutlich mehr Varianten von Datensicherungen gibt, werden wir in diesem Kapitel nur die am häufigsten verwendeten Arten betrachten: Die inkrementelle und die vollständige Datensicherung.[1] Wie der Name bereits impliziert, beinhaltet die vollständige Datensicherung die Gesamtmenge der Daten eines bestimmten Systems oder sogar das gesamte lauffähige System.

Im Falle einer Havarie ist die vollständige Datensicherung auch die am meisten bevorzugte Art eines Backups. Die inkrementelle Datensicherung speichert nur Änderungen, die seit der vorherigen Version der Sicherung eingetreten sind. Wenn ein System mittels inkrementeller Sicherung wiederhergestellt werden soll, ist es immer notwendig, dass die letzte vollständige Sicherung ebenfalls verfügbar ist. Daher ist es in der Regel komplexer, ein System mittels inkrementeller Backups wiederherzustellen. Jetzt stellt sich natürlich die Frage, wieso diese Art von Backup überhaupt verwendet wird. Manchmal ist es notwendig, mehr als eine Datensicherung pro Tag durchzuführen. Bei manchen Online-Diensten, die auf der ganzen Welt verfügbar sind, können derart viele Daten erzeugt werden, dass eine Sicherung alle fünf bis zehn Minuten notwendig ist und ausgeführt wird. In einem solchen Fall wäre es nicht effizient, eine vollständige Sicherung alle paar Minuten zu starten, da diese Art der Sicherung eventuell mehrere Stunden in Anspruch nehmen könnte. In solch einem Fall ist es sinnvoll, eine vollständige Sicherung einmal pro Tag zu erstellen und inkrementelle Backups alle paar Minuten durchzuführen.

---

[1] Garfinkel/Spafford, Practical Unix & Internet Security, 2. Aufl. O'Reilly & Associates Inc., 1996.

In vielen Fällen ist es nicht ausreichend, nur eine Sicherung der Daten vorzunehmen. Nehmen wir an, dass zum Beispiel ein ERP-System durch eine Wasserleckage beschädigt wird und Sie eine aktuelle Sicherung der Datenbank dieses Systems zuvor erstellt hatten. Zur Wiederherstellung des Systems benötigen Sie neue Hardware oder einen virtuellen Server, ein Betriebssystem, das Datenbankmanagementsystem (DBMS), das vom ERP-System verwendet wird, und die korrekte Version der ERP-Software, um die Datenbankdaten wiederherstellen zu können. An dieser Stelle wird klar, dass es im Notfall nicht ausreicht, eine Datenbanksicherung zu haben, wenn das vollständige System sehr schnell wieder verfügbar sein muss. In einem solchen Fall kann es von großem Vorteil sein, sich nicht nur auf eine Datensicherung zu verlassen, sondern auch eine Image-Sicherung des Computers vorzuhalten. Ein derartiges Image[2] kann als sogenannte Bare-Metal-Recovery-Sicherung gespeichert werden. Das bedeutet, dass im Falle einer Server-Havarie ein System auch auf abweichender Hardware oder sogar als virtueller Server wiederhergestellt werden kann. Eine derartige Sicherung muss nicht zwingend jeden Tag erstellt werden. Soweit die Sicherung der Daten separat erfolgt, reicht es aus, eine Image-Sicherung durchzuführen, wenn sich wesentliche Änderungen am Betriebssystem oder am verwendeten ERP-System ergeben haben.

Mit einer Kombination aus Image-Sicherung und Sicherung der verarbeiteten Daten oder der Datenbank kann ein System in einer überschaubaren Zeitspanne wiederhergestellt werden. Diese Verfahren eignen sich auch für kleinere Infrastrukturen und Einzelplatzrechner, die einen hohen Grad an Verfügbarkeit erfordern.

▶ **Merksatz 25**: *Stellen Sie sicher, dass nicht nur Daten, sondern ein vollständiges System wiederhergestellt werden kann.*

Was kann bei der Wiederherstellung eines Systems passieren?

Wie bereits am Anfang dieses Kapitels erwähnt, soll die Wiederherstellung eines Systems mittels einer Datensicherung die Ultima Ratio aller Maßnahmen sein.

Überlegen wir deshalb, was passieren wird, wenn Sie ein Backup benötigen und es sich als nicht funktionsfähig erweist, weil es in irgendeiner Art und Weise beschädigt wurde. Es ist ein Fall bekannt, in dem die Mitarbeiter einer Organisation jeden Tag die Datensicherungsmedien (Bänder) gewechselt hatten und die eingesetzte Backup-Software jede Sicherung mit dem Vermerk „OK" markierte. Die Sicherungen wurden niemals getestet und als nach einigen Jahren eine Datensicherung benötigt wurde, stellte sich heraus, dass die Sicherungsbänder überhaupt

---

[2] Systemabbild.

keine Beschichtung mehr aufwiesen, die erforderlich gewesen wäre, um überhaupt Daten zu speichern. Es gab innerhalb der Organisation zu diesem Zeitpunkt keine funktionierende Datensicherung.

▶ **Merksatz 26**: *Testen Sie regelmäßig die Datensicherungen.*

Um sich eine solche Erfahrung zu ersparen, wird empfohlen, Datensicherungen regelmäßig zu prüfen. Der praktikabelste Weg, dies zu tun, ist ein Wiederherstellungstest in einem speziellen Testverzeichnis.

Testen Sie niemals eine Wiederherstellung, indem Sie die Daten des gesicherten Originalverzeichnisses durch die Rücksicherung überschreiben. Wie wichtig das Testen von Datensicherung und Rücksicherung ist, zeigt ein Beispiel bei dem ein virtualisierter Server bereits beim ersten Versuch zerstört wurde, eine Datensicherung zu erstellen.[3]

Es gibt einige Methoden, mit denen sichergestellt werden kann, dass Datensicherungen bei Bedarf verfügbar sind. Ein Speichergerät, das durch einen UNC[4]-Pfad (zum Beispiel NAS) verbunden ist, darf niemals der einzige Ort sein, an dem Backups gespeichert werden, da einige aktuelle Viren die unangenehme Eigenschaft besitzen, alle Laufwerke und Festplatten zu verschlüsseln, die mit einem infizierten System verbunden sind. Daher können Offline-Backups, die zum Beispiel im Bankschließfach aufbewahrt werden, für eine Organisation notwendig sein, um einen Virenbefall wirtschaftlich zu überstehen. Im Falle eines Brandes ist es ebenfalls sinnvoll, eine Offline-Sicherung außerhalb des Büros zu verwahren.

Da Datensicherungen in der Regel vertrauliche Daten enthalten, wird im Falle einer auswärtigen Lagerung empfohlen, diese durch ein Passwort zu sichern und verschlüsselt oder auf einem verschlüsselten Gerät zu speichern.[5]

▶ **Merksatz 27**: *Bewahren Sie verschlüsselte Datensicherungen außerhalb der Büroräume auf.*

---

[3] Greguš, M; Lenhard, Th.; Case Study – Virutalisation of Servers in the Area of Healthcare-IT; erschienen in International Journal for Applied Management Science & Global Developments, Biblioscient Publishing Services, Birmingham, 2012.

[4] Uniform Naming Convention.

[5] Vgl. Garfinkel/Spafford, Practical Unix & Internet Security, 2. Aufl. O'Reilly & Associates Inc., 1996.

Verschlüsselung

12

Zusammenfassung

Verschlüsselung ist seit dem Altertum ein probates Mittel, bei der Nachrichtenübertragung sicherzustellen, dass keine unberechtigten Dritten eine Nachricht mitlesen. Das ist in Zeiten von E-Mail und Internet nicht anders. Wer denkt, dass es nicht möglich sei, täglich Milliarden von E-Mails zu analysieren, neigt eventuell dazu diesem Kommunikationsmittel mehr Vertrauen zu schenken, als ihm zusteht. Dieses Kapitel erläutert, welche Arten von Verschlüsselung uns heute zur Verfügung stehen, was wir günstigerweise verschlüsseln sollten, wo Verschlüsselung in der Welt der Informationstechnologie zum Einsatz kommt und welche Verschlüsselungsalgorithmen wir in keinem Fall verwenden sollten.

Wenn Sie mit Verschlüsselungen arbeiten, dann denken Sie bitte daran, dass der Einsatz entsprechender Verfahren nicht überall auf der Welt legal ist.

Wozu können wir die Verschlüsselung – auch Kryptographie genannt – verwenden?

Seit der Antike wurden Methoden der Verschlüsselung verwendet, damit keine unberechtigte dritte Person auf dem Weg zwischen Sender und Empfänger eine übermittelte Botschaft lesen konnte. Sowohl der Absender wie auch der Empfänger mussten dabei den Schlüssel besitzen, der sowohl zur Verschlüsselung wie auch zur Entschlüsselung der Nachricht verwendet wurde. Wenn derselbe Schlüssel bei

© Springer Fachmedien Wiesbaden GmbH, ein Teil von Springer Nature 2020
T. H. Lenhard, *Datensicherheit*, https://doi.org/10.1007/978-3-658-29866-1_12

dieser klassischen Art der Verschlüsselung für Sender und Empfänger verwendet wird, spricht man von symmetrischer Verschlüsselung.[1] Die Art und Weise, wie eine Nachricht mit Hilfe des Schlüssels ver- oder entschlüsselt wird, heißt Algorithmus.

Die Stärke der Verschlüsselung hängt sowohl vom verwendeten Algorithmus als auch von der Schlüssellänge und dessen Komplexität ab.

Heute werden Verschlüsselungsverfahren für Dateien, Verzeichnisse, Speichergeräte, Datencontainer, Backups und für gesicherte Kommunikationskanäle wie VPN[2] oder HTTPS eingesetzt. Neben der symmetrischen Verschlüsselung kennen wir auch Methoden der asymmetrischen Verschlüsselung und die Verschlüsselung mittels Falltüralgorithmen. Falltüralgorithmen können etwas verschlüsseln, sind aber nicht in der Lage, die Verschlüsselung umzukehren.

Derartige Algorithmen können für Login-Verfahren verwendet werden. In diesem Fall enthält ein System Informationen über Benutzerkonten und für jeden Benutzer ein verschlüsseltes Passwort. Wenn der Benutzer eine Login-Prozedur startet, verwendet er sein Konto und sein echtes Passwort. Das Passwort wird durch den Falltüralgorithmus verschlüsselt und mit dem gespeicherten verschlüsselten Passwort verglichen. Stimmen beide verschlüsselte Passworte überein, so wird das Login-Verfahren erfolgreich beendet.

Es sollte aber nicht unerwähnt bleiben, dass derartige Verfahren vor allem bei älteren UNIX- und Linux-Distributionen zahlreiche Probleme verursacht haben. Bis zur Jahrtausendwende haben einige Systeme das verschlüsselte Passwort in einer Datei gespeichert, die in einem speziellen Verzeichnis mit der Bezeichnung „/etc" gefunden wurde. In den 90er-Jahren des vergangenen Jahrhunderts war es daher relativ einfach, in UNIX- und Linux-Systeme einzubrechen, die mit dem Internet verbunden waren. Per FTP als Gast oder Benutzer „anonymous" mit einem Server verbunden, war es möglich, die Datei „passwd" aus dem Verzeichnis „/etc" herunterzuladen. Diese Datei enthielt im Klartext die Benutzernamen und in verschlüsselter Form die zugehörigen Passwörter. Zu diesem Zeitpunkt waren die meisten Hacker nicht in der Lage, die verwendete Verschlüsselung zu überwinden. Allerdings war das auch gar nicht notwendig. Man konnte sich zu dieser Zeit bereits Textdateien aus dem Internet laden, die komplette Wörterbücher in allen nur denkbaren Sprachen enthielten. Ein kleines Programm konnte nun jedes Wort eines solchen Wörterbuchs mit demselben Falltüralgorithmus verschlüsseln, den auch Betriebssysteme nutzten und jeweils mit den Schlüsseln, die in der Datei „passwd" hinterlegt waren, abgleichen. Neben den Standardwörterbüchern konnte man noch

---

[1] Schneier, Applied Cryptography, Addison-Wesley, 1996.
[2] Virtual Private Network.

selbstdefinierte Wörterbücher verwenden, in denen häufig verwendete Begriffe mit Zahlen und Sonderzeichen kombiniert waren, wie zum Beispiel „test*" oder „test123". Letzteres soll heute noch eines der beliebtesten Passwörter weltweit sein. In den 90er-Jahren war man durch diese einfache Methode in der Lage, Büros, Ministerien, militärische Systeme, Organisationen und Unternehmen, die ans Internet angeschlossen waren, zu hacken.

Auch wenn UNIX- und Linux-Systeme mittlerweile die verschlüsselten Passwörter in einer anderen, speziell gesicherten Datei speichern und die meisten Organisationen professionelle Firewalls verwenden, um ihre Systeme vor den Gefahren des Internets zu schützen, ist diese frühe Version eines sogenannten Brute-Force-Angriffs – in modifizierten Versionen – nach wie vor in Gebrauch.

Aus diesem Grund sollten Passwörter niemals in einem Wörterbuch zu finden sein und über eine Mindestkomplexität verfügen. Einige Quellen empfehlen, Passwörter mit einer Mindestlänge von acht Zeichen zu verwenden. Da das Passwort jedoch nichts anderes ist als ein kryptografischer Schlüssel, ist es eine wesentliche Verbesserung der Sicherheit, eine Mindestlänge von zwölf Zeichen zu verwenden und dabei Buchstaben in Klein- und Großschreibung mit Zahlen und Sonderzeichen zu kombinieren.

Ein sicheres Passwort könnte demnach folgendermaßen aussehen: **R&b!Im0Z2#Vy**

▶ **Merksatz 28**: *Verwenden Sie nur komplexe Passwörter.*

Um ein System gegen solche Brute-Force-Angriffe zu verteidigen, wird empfohlen, Benutzerkonten zu sperren oder zu deaktivieren, wenn dafür mehrere falsche Passwörter eingegeben wurden. In drahtlosen Netzwerken (WLAN[3]) wird ebenfalls empfohlen, Benutzerkonten oder MAC-Adressen zu sperren, wenn eine vordefinierte Anzahl erfolgloser Verbindungsversuche erfolgt ist (zum Beispiel nach drei, fünf oder zehn erfolglosen Versuchen der Authentifizierung).

▶ **Merksatz 29**: *Für alle Anmeldeprozeduren sollte die Anzahl möglicher fehlgeschlagener Verbindungsversuche begrenzt sein.*

Sehen wir uns nun eine andere Art der Verschlüsselung an. Die asymmetrische Verschlüsselung verwendet einen Schlüssel zur Verschlüsselung von Daten und einen anderen Schlüssel, um Daten oder Nachrichten zu entschlüsseln. Dabei wird zwischen einem öffentlichen Schlüssel und einem privaten Schlüssel unterschieden.

---

[3] Wireless Local Area Network.

Ein wesentlicher Vorteil der asymmetrischen Verschlüsselung gegenüber der symmetrischen Methode besteht darin, dass ein öffentlicher Schlüssel nicht unter großen Sicherheitsvorkehrungen ausgetauscht werden muss.

Ein öffentlicher Schlüssel kann überall im Internet zur Verfügung gestellt oder heruntergeladen werden, da einmal verschlüsselte Daten nur durch den privaten Schlüssel lesbar gemacht werden können.

Deshalb muss der private Schlüssel so gut wie möglich geschützt werden.

Eines der am weitest verbreiteten Systeme, das mit öffentlichen und privaten Schlüsseln arbeitet, ist PGP.[4] Für eine sichere E-Mail-Kommunikation ist es notwendig, dass beide Kommunikationspartner den öffentlichen Schlüssel des jeweils anderen haben müssen.

Wie sicher sind Verschlüsselungssysteme?

Der Stand der Technik entwickelt sich ständig weiter. Darum wäre es durchaus denkbar, dass eine Methode, die im Moment des Schreibens dieses Buches als sicher bezeichnet wird, veraltet ist, wenn dieses Buch einige Wochen später in gedruckter Form vorliegt.

Eines ist klar: Es gibt zwischenzeitlich einige Methoden der Verschlüsselung, die als unsicher und veraltet gelten.

Vor allem der ursprüngliche DES[5]-Algorithmus sollte in keinem Fall verwendet werden, da er im Gegensatz zu dem, was sein Name impliziert, seit Jahren bereits als unsicher gilt. Im Bereich der drahtlosen Netzwerke gibt es ebenfalls verschiedene Verschlüsselungssysteme, deren Verwendung unbedingt vermieden werden sollte. Die Verschlüsselungsverfahren WEP[6] und WPA[7] können selbst von Laien mit einer Anleitung aus dem Internet in wenigen Minuten überwunden werden.

Denkt man über Verschlüsselungsverfahren nach, ist es immer notwendig, sich über den Stand der Technik zu informieren.

Zum Abschluss dieses Kapitels soll noch eine kurze Erläuterung zur End-to-End-Verschlüsslung erfolgen. Wenn Sie eine E-Mail versenden und dazu eine Verbindung mit SSL/TLS zu Ihrem Provider aufbauen, dann wissen Sie, dass zwischen Ihrem Rechner und dem Postausgangsserver beim Provider eine sichere Verbindung aufgebaut ist. Sie haben allerdings keinerlei Einfluss darauf, was zwischen dem Postausgangsserver und dem Empfänger mit Ihrer E-Mail passiert. Wenn mehrere Provider an der Übertragung beteiligt sind, können wir nicht einmal den genauen Weg einer E-Mail durch das Internet bestimmen. Auf diesen Weg, der

---

[4] Pretty Good Privacy.
[5] Data Encryption Standard.
[6] Wired Equivalent Privacy.
[7] Wi-Fi Protected Access.

für uns in den meisten Fällen bildlich gesprochen im Dunklen liegt, kann unserer
E-Mail einiges zustoßen. So kann sie zum Beispiel auf spezielle Schlüsselbegriffe
analysiert werden. Um eine derartige Analyse durchzuführen, braucht es keine Person, welche die E-Mail liest; vielmehr sind Analyse-Programme heute in der Lage,
Milliarden von E-Mails täglich zu analysieren, nach Suchbegriffen zu durchforsten
und entsprechend zu kategorisieren. Im Jahr 2014 wurde im Kreis einiger Sachverständiger ein Test durchgeführt, wie effektiv solche Systeme arbeiten. Zu diesem
Zweck wurde durch einen deutschen Ingenieur eine gefälschte E-Mail an einen
Empfänger verschickt, der über das Vorhaben informiert war. In dieser Mail berich-
tete der Ingenieur über die Entwicklung eines Strahltriebwerks, das um dreißig
Prozent effizienter arbeiten sollte als herkömmliche Triebwerke. Witzigerweise
hatte sich die Testperson noch nie mit der Technik von Strahltriebwerken auseinan-
dergesetzt, hat jedoch drei Wochen nachdem die Mail ihren Weg durch das Internet
gefunden hatte, ein Angebot erhalten für eine Anstellung bei einem Luft- und
Raumfahrtunternehmen außerhalb Europas.

Selbst IT-Experten können heute kaum sagen, welche Verschlüsselungsverfahren wirklich sicher sind. Aus diesem Grund sollten wir immer vorsichtig sein, was
wir verschlüsselt oder unverschlüsselt per E-Mail versenden.

Im Klartext sollten wir ohnehin nur Informationen senden, die wir auch ohne
weiteres auf der Rückseite einer Postkarte verschicken könnten. Aber auch wenn
wir die Sicherheit der kryptographischen Verfahren kritisch hinterfragen, steht es
außer Zweifel, dass sie uns vor vielen kriminellen Aktivitäten im Internet schützen können.

Hacken von Webseiten 13

Zusammenfassung

Anhand von Beispielen erläutert das Kapitel, wie einfach es sein kann, Webseiten, die auf sogenannten Content-Management-Systemen aufbauen, zu überlisten und sich als Administrator an solchen Systemen anzumelden. Obwohl die genutzten Sicherheitslücken hier üblicherweise auf Nachlässigkeiten bei Entwicklung oder Administration zurück zuführen sind, handelt es sich bei den beschriebenen Verfahren immer noch um gängige Methoden.

Zwischenzeitlich dürfte es tausende von Methoden geben, um Webseiten oder webbasierte Dienste und Datenbanken anzugreifen. Zwei der einfachsten, aber dennoch sehr erfolgreichen Methoden werden hier beschrieben. Bitte nutzen Sie diese Informationen aber nur zu legalen Zwecken.

Die erste Methode basiert auf der Tatsache, dass sich bis zum heutigen Tag viele Webentwickler oder Administratoren von Webportalen nicht ernsthaft genug um die Sicherheit der von ihnen entwickelten oder betreuten Systeme bemühen. Vor allem, wenn sie mit mehreren Systemen arbeiten müssen, verwenden sie oft die gleichen Passwörter für alle Systeme oder verwenden Standardpasswörter, die von einem Softwarehersteller vordefiniert sind. Es gibt viele Systeme im Internet, die nur das Standard-Passwort für ein Administrator-Konto verwenden. Das könnten

© Springer Fachmedien Wiesbaden GmbH, ein Teil von Springer Nature 2020   75
T. H. Lenhard, *Datensicherheit*, https://doi.org/10.1007/978-3-658-29866-1_13

CRM[1]-Systeme, Shops, Online-Services oder sogar normale Webseiten sein, die ein Content-Management-System nutzen. Wenn Sie nach einem solchen Content-Management-System suchen, müssen Sie nur den Namen der Datei kennen, die für die Anmeldung erforderlich ist. Sagen wir der Name der Datei wäre „adminlogin. php". Dann können Sie eine Suchmaschine verwenden, die die Suche in URL-Pfaden ermöglicht, wie zum Beispiel Google oder Bing. Wenn Sie als Suchbegriff „inurl:/adminlogin.php" verwenden, erhalten Sie zahlreiche Treffer. Einige der so gefundenen Systeme könnten das werkseitige Standard-Passwort des CMS verwenden.

▶   **Merksatz 30**: *Verwenden Sie niemals ein werkseitiges Standard-Passwort für ein System, das mit dem Internet verbunden ist.*

Das zweite Beispiel des Einbruchs in eine Webseite ist ebenfalls recht einfach.

Dieses Beispiel basiert auf der Tatsache, dass Unmengen schlecht programmierter Systeme in Unternehmen und im Bereich des Internets eingesetzt werden. Wenn der Login einer Webseite die Sprache SQL[2] verwendet – das ist eine standardisierte Abfragesprache für Datenbanksysteme –, um eine Überprüfung von Benutzerkonto und Passwort durchzuführen, kann dieser Login-Prozess unter Umständen überlistet werden, soweit keine besonderen Sicherheitsvorkehrungen eingerichtet wurden.

Betrachten wir daher eine schlecht programmierte Login-Prozedur, die ein eingebettetes SQL-Statement verwendet, das Werte in eine Systemvariable mit dem Namen „iLoginSucessful" schreiben kann.

Der Standardwert dieser Variablen ist 0. Wenn diese Variable auf 1 gesetzt wird, wird der Zugriff auf die Webseite und auf die dahinterliegende Online-Datenbank freigegeben. Die Eingabe des Passworts in einem Datenfeld wird in eine SQL-Anweisung eingefügt und mit dem Benutzerpasswort in der Systemdatenbank verglichen. Das SQL-Statement könnte dann, nach Ergänzung von Benutzernamen und eingegebenem Passwort, teilweise so aussehen:

… user.username = administrator AND user.password = „R & b! Im0Z2 # Vy"

Soweit der Benutzername in der Datenbanktabelle Administrator lautet und das Passwort dieses Benutzers tatsächlich der Eingabe „R & b! Im0Z2 # Vy" entspricht, würde der Wert 1 in die Variable iLoginSuccessful geschrieben werden und der Zugriff auf das System würde aufgrund der erfolgreich ausgeführten Login-

---

[1] Customer Relation Management.

[2] Structured Query Language.

Prozedur freigegeben. Der Standardwert der Variable ILoginSuccessful ist 0. Soweit eine Falscheingabe erfolgt, wird also grundsätzlich kein Zugriff zum System gewährt.

Eigentlich brauchen wir das Passwort gar nicht, weil wir über das Eingabefeld für das Passwort die gesamte Logik der SQL-Anweisung verändern können. Statt des Passwortes – nehmen wir jetzt an, wir wüssten es nicht – können wir einige Ergänzungen in das für das Passwort reservierte Datenfeld schreiben. Wenn wir zum Beispiel „Hallo oder 1 = 1" in einer speziellen Formatierung einfügen, wird geprüft, ob das Passwort des Administrators „Hallo" ist oder ob die Alternative (oder) dieser Bedingung 1 = 1 wahr ist. Letzteres ist immer richtig, so dass der Wert von iLoginSuccessful auf 1 gesetzt wird und der Zugriff auf das System freigegeben wird, obwohl wir das Passwort nicht kennen. Die größte Herausforderung dieses Verfahrens besteht darin, die richtige Syntax für den Zusammenbau des SQL-Statements zu finden. Hierbei werden mehrere Anführungs- und Leerzeichen benötigt.

Dieses Verfahren ist eine gängige Methode, sich in schlecht programmierte und abgesicherte Systeme im Internet einzuloggen. Derzeit gibt es noch zahlreiche Systeme, die unsichere Anmeldeverfahren verwenden. Diese Art des Einbruchs in ein System wird SQL-Injection genannt. Ein solcher Einbruch kann verhindert werden, wenn der Inhalt des Passwortfeldes verschlüsselt wird und mit einem hinterlegten und sicher gespeicherten, verschlüsselten Passwort verglichen wird.

▶   **Merksatz 31**: *Verwenden Sie niemals Systeme mit unsicheren Anmeldeverfahren, besonders wenn Sie mit dem Internet verbunden sind.*

Häufige Sicherheitsprobleme

14

Zusammenfassung

Wird ein Audit in einem Unternehmen durchgeführt, so fallen dabei fast immer Verfahrensweisen auf, die unter dem Begriff Routine zusammengefasst werden könnten und über die sich im Unternehmen zuvor niemand Gedanken gemacht hat. Damit sind es oft Kleinigkeiten, die einfach zu beheben oder zu vermeiden wären, wenn ein Benutzer nur darauf hingewiesen würde. Teilweise kann jedoch auch mangelndes Wissen über Technik und die Funktionsweise von Geräten dazu führen, dass sensible Daten unbemerkt das Unternehmen verlassen oder dass sich Angriffspunkte für Hacker ergeben, obwohl doch die neuesten Innovationen der Informationstechnologie im Unternehmen eingesetzt werden. Das Kapitel beleuchtet einige Sicherheitsprobleme, die häufig in Unternehmen angetroffen werden.

14.1 Arbeitskonsolen, die nicht gesperrt werden

Manchmal verlassen wir unser Büro oder unseren Arbeitsplatz für einen kurzen Zeitraum. Aus diesem Grund sind Bildschirmschoner in den meisten gängigen Betriebssystemen verfügbar. Aber der Bildschirmschoner bietet nur wenig Schutz gegen illegale Aktivitäten, wenn er nicht durch ein Passwort gesichert ist. In einem Fall verließ ein CIO eines großen Rechenzentrums sein Büro für insgesamt weniger als fünf Minuten. Der Zugang zum Rechenzentrum wurde überwacht und die Räume waren mit speziellen Türen und Schlössern gesichert. Zu diesem Zeitpunkt befand sich jedoch ein Auszubildender im Büro und nutzte die kurze Zeit, um über das Internet ein Trojanisches Pferd in den Rechner des CIO einzuschleusen.

▶ **Merksatz 32**: *Sperren Sie immer die Konsole Ihres Computers, wenn Sie das Büro oder den Arbeitsplatz verlassen.*

▶ **Merksatz 33**: *Aktivieren Sie den Passwortschutz im Bildschirmschoner Ihres Rechners, wenn nicht ausgeschlossen werden kann, dass andere Personen physikalischen Zugang zu dem System erlangen.*

14.2   Druckerstationen und Multifunktionsgeräte

Die meisten Anwender würden nicht erwarten, dass große Druckerstationen oder Multifunktionsgeräte über eigene Festplatten verfügen. Solche Geräte verwenden oft interne Festplatten für die Zwischenspeicherung von Druckaufträgen, bis diese abgearbeitet sind. Aber wie in Kap. 10 bereits erläutert wurde, vergessen moderne Festplatten nur selten, was einmal gespeichert war.

Vor allem, wenn Leasingverträge für entsprechende Geräte auslaufen, werden derartige Geräte an Leasing-Anbieter zurückgegeben, wobei häufig alle Dokumente, die seit Jahren gedruckt wurden, noch auf der internen Festplatte verfügbar oder wiederherstellbar sind. Es ist erforderlich, dass solche Festplatten durch eine sichere Methode gelöscht oder dass die Festplatten ausgetauscht werden, bevor solche Geräte ein Unternehmen oder eine Organisation verlassen.

▶ **Merksatz 34**: *Beachten Sie, dass mitunter die Druckaufträge mehrerer Jahre auf internen Festplatten in Druckerstationen oder Multifunktionsgeräten gespeichert sein können. Das ist insbesondere wichtig, wenn Geräte an ein Leasingunternehmen zurückgegeben werden.*

14.3   Arbeiten mit Administratorrechten

Das Konto des Systemadministrators ist nur für einen Zweck bestimmt:
    Das Verwalten des Systems!
    Allerdings ist es eine in der Praxis sehr verbreitete Vorgehensweise, das eigene Benutzerkonto zum Administrator zu erklären. Damit ist es möglich, jederzeit

Software zu installieren und Einstellungsänderungen an einem System vorzunehmen. In vielen Fällen wird diese Vorgehensweise aber viel zu spät als schwerwiegender Fehler erkannt. Viele Trojaner oder Viren können nur dann wirklich großen Schaden anrichten oder sich in Systemen festsetzen, wenn sie unter einem Benutzerkonto aktiv sind, das über erweiterte Rechte verfügt. Der schlimmste aller anzunehmenden Fälle in diesem Bereich ist ein Administrator, der ausschließlich das Konto des Domänenadministrators nutzt und sich unter diesem Konto mit Maximalrechten einen Computervirus „einfängt".

▶   **Merksatz 35**: *Die administrativen Rechte sind ausschließlich dafur gedacht, Systeme zu administrieren. Sie sollten in keinem Fall für die tägliche Arbeit am PC genutzt werden.*

14.4   Das Internet der Dinge und industrielle Steuerungsanlagen

In den vorangegangenen Kapiteln befassten wir uns mit Computernetzwerken, Arbeitsplatzrechnern, Servern, Druckern und mit anderen klassischen Komponenten im Bereich der Computersysteme. In der heutigen Zeit sind Geräte des täglichen Lebens auch zunehmend mit dem Internet verbunden und das verursacht immer mehr Probleme, weil kaum jemand darüber nachdenkt, dass es auch erforderlich sein könnte, seinen Kühlschrank durch eine Firewall zu schützen. Während Computer-Systeme regelmäßig aktualisiert werden, ist es eher die Ausnahme, dass Sicherheitsupdates für Fernsehgeräte oder Kühlschränke zur Verfügung stehen oder installiert werden.

Wenn ein solches Gerät von einem Trojaner oder einem Bot-Virus infiziert ist, ist es fast unmöglich, die Schadsoftware zu bekämpfen. Derzeit müssen wir davon ausgehen, dass weltweit tausende derartiger Geräte mit Viren infiziert sind und dass viele von ihnen als Teil eines Botnet für illegale Aktivitäten verwendet werden. Auch wenn der Gedanke zur Belustigung beitragen mag, so stellt sich im Falle einer Ermittlung gegen ein solches illegales Netzwerk tatsächlich die Frage, ob die Staatsanwaltschaft Ihren Kühlschrank sicherstellen lässt. Eigentlich sollten wir davon ausgehen, dass die meisten Haushaltsgeräte noch nicht sicher genug sind, um den Bedrohungen aus dem Internet zu trotzen. Ein ähnliches Problem findet sich auch im Bereich der Industrie. Einige Mitmenschen sind mittlerweile der Meinung, sie hätten den Stein der Weisen gefunden, wenn sie alle möglichen Anlagen über einen Webbrowser oder über eine sogenannte App für Smartphones steuern können. Beantworten Sie sich am besten selbst die Frage, ob es denn erforderlich ist, die Parameter eines Kernkraftwerks über das Internet zu kontrollieren und anzupassen?

Wenn Sie sich diese Frage beantworten, werden Sie wahrscheinlich entdecken, dass auch Sie der Meinung sind, dass die heutige Technologie nicht ausreichend sicher ist, um Steueranlagen kritischer Infrastrukturen an das Internet anzuschließen. Viele Dinge, die uns heutzutage als technischer Fortschritt präsentiert werden, sind nichts anderes als „Nice-to-Have-Technologie". Mit anderen Worten gehören bei objektiver Betrachtung eine Vielzahl von webbasierten „Lösungen" oder Smartphone-Apps zur Kategorie „Dinge, die die Welt nicht braucht". Manche Apps werden nicht deshalb programmiert, weil man sie dringend braucht, sondern weil man in der Lage ist, diese – wie auch immer – zu realisieren. Dabei bleiben allerdings Sicherheitsbetrachtungen häufig außen vor.

▶   **Merksatz 36**: *Verwenden Sie keine Nice-to-Have-Technologie. Gerade in sehr komplexen oder kritischen Infrastrukturen ist es häufig der beste Weg, Kommunikationssysteme nach konservativen Ansätzen zu planen und zu betreiben. Zu viel Innovation im Bereich der IT kann für ein Unternehmen existenzbedrohend werden.*

▶   **Merksatz 37**: *Bevor Sie neue Technologien einsetzen, evaluieren Sie die Systeme eingehend und analysieren Sie diese insbesondere im Hinblick auf Sicherheitsprobleme.*

Müssen Produktionsanlagen oder sonstige Industrieanlagen aufgrund einer automatischen Überwachung und, im Falle von technischen Fehlern, Berichterstattung an einen Hersteller oder ein Dienstleistungsunternehmen an das Internet angeschlossen werden, ist die Realisierung eines solchen Anschlusses unter den Gesichtspunkten der Systemsicherheit zu planen.

Das bedeutet, dass eine solche Verbindung nicht notwendigerweise über das zentrale Computernetz eines Unternehmens kommunizieren muss. Es sollte vielmehr über ein separates Netzwerksegment mit dem Hersteller oder Dienstleistungsunternehmen kommunizieren, welches durch ein professionelles Firewall-System vom sonstigen Netzwerk des Unternehmens getrennt ist. Dieselbe Empfehlung gilt auch für sogenannte Pionierkäufer, die im privaten Bereich neueste Geräte anschaffen, welche mit dem Internet verbunden sind. Eine Firewall kann auch in diesem Bereich verhindern, dass Ihr Kühlschrank als Knoten eines Botnetzwerks fungiert.

▶   **Merksatz 38**: *Eine Firewall, die für professionelle Zwecke geeignet ist, kann die Gefahren neuer Technologien reduzieren.*

Identifizierung von Computern und IP-Adressen

15

Zusammenfassung

Unabhängig davon ob ein Angriff auf IT-Systeme aus dem Internet kommt oder aus dem eigenen Unternehmen, ist es erforderlich einen Angreifer zu identifizieren, um gegebenenfalls weitere Angriffe zu verhindern oder den Angreifer zur Rechenschaft zu ziehen. Gleiches gilt natürlich auch für andere Formen der Computerkriminalität. Das Kapitel zeigt, wie bestimmte Rechner gefunden werden, die genutzten Anschlüsse krimineller Personen identifiziert werden können und wie theoretisch die Personalien eines Kriminellen über einen Eintrag in einem Router ermittelbar sind.

In einigen Fällen, besonders im Kampf gegen Cyberkriminalität, kann es sinnvoll oder erforderlich sein, einen speziellen Computer oder die IP-Adresse einer Internetverbindung zu identifizieren. Es gibt viele Möglichkeiten, die hierfür genutzt werden können.

Im Folgenden werden zwei Fälle beschrieben, in denen sehr einfache Methoden zur Identifizierung von Kriminellen beziehungsweise zur Identifizierung von deren Internetanschlüssen verwendet wurden.

Im ersten Fall versuchte ein Krimineller, ein teures Messinstrument zu einem günstigen Preis im Internet zu verkaufen. Angeblich lebte der Verkäufer in Edinburgh/Schottland. Als er von einem potentiellen Käufer kontaktiert wurde, suchte

© Springer Fachmedien Wiesbaden GmbH, ein Teil von Springer Nature 2020
T. H. Lenhard, *Datensicherheit*, https://doi.org/10.1007/978-3-658-29866-1_15

er nach Ausreden, warum das Gerät nicht bei seiner angegebenen Adresse in Schottland abgeholt werden könnte. Er schlug stattdessen vor, das Gerät per Post zu schicken, nachdem es über den Dienst einer vermeintlichen Treuhandgesellschaft bezahlt worden wäre. Die Webseite dieser „Treuhandgesellschaft" entpuppte sich als vollständige Fälschung. Das Bankkonto, auf das überwiesen werden sollte, wurde bei einer polnischen Bank geführt, obwohl die angebliche Firma ihren Sitz in Deutschland haben sollte. Zuerst wurde die gefälschte Webseite identifiziert. Dazu wurde das Kommandozeilenprogramm Ping verwendet, welches in den meisten Betriebssystemen zur Verfügung steht. Um die IP-Adresse zu erfahren, war es nur erforderlich, den folgenden Befehl in der Befehlszeile einzugeben und die Eingabetaste zu betätigen:

Ping <Web Adresse>

Das Programm lieferte umgehend die IP-Adresse der entsprechenden Seite zurück. Um nun die IP-Adresse einem Standort oder einem Unternehmen zuordnen zu können, gibt es mehrere kostenlose Dienste im Internet. Im beschriebenen Fall wurde diese Webseite in einem Rechenzentrum in Deutschland lokalisiert.

Der nächste Schritt war die Identifizierung des Betrügers.

Auch hierfür wurde ein kostenloser Dienst im Internet genutzt. Sie können auf bestimmten Servern im Internet einen Link generieren lassen, den Sie per E-Mail versenden können. Wenn Sie den Link generieren, registrieren Sie zeitgleich Ihre eigene E-Mail-Adresse als Antwortziel des Dienstes. Sobald der versandte Link angeklickt wird, erhalten Sie eine E-Mail mit der IP-Adresse des Empfängers dieser E-Mail. Zusätzlich zu der IP-Adresse enthält die E-Mail auch einen exakten Zeitstempel. Letzterer ist notwendig, da viele Internetnutzer durch Ihren Provider eine dynamische IP-Adresse für jede Sitzung im Internet erhalten. Im konkreten Fall brauchte es mehrere Mails mit diesem Link und eine schöne Geschichte, die den Kriminellen dazu bewegen sollte, den Link anzuklicken. Am nächsten Morgen klingelte die örtliche Polizei an seiner Haustür.

Auch wenn dies ein sehr einfaches Beispiel ist, sollte es zeigen, dass es möglich ist, jeden Computer im Internet zu identifizieren, weil jeder Verbrecher einen Knoten oder einen Anbieter benötigt, um Zugang zum Internet zu erlangen.

Jetzt werden Sie sich vielleicht fragen, wie wir einen Verbrecher identifizieren können, wenn er mit dem Internet durch die illegale Nutzung eines WLANs verbunden ist.

Das wird nun im zweiten, ebenfalls recht einfachen Beispiel erklärt.

In diesem Fall verschickte ein Krimineller Morddrohungen per E-Mail. Die Internetverbindung wurde schnell identifiziert und es stand ebenso schnell fest, dass der Verbrecher sich über das WLAN eines Unternehmens mit dem Internet verbunden hatte. Wenn Sie eine Verbindung zu einem WLAN herstellen, speichert dieses

Gerät, manchmal sogar ohne zeitliche Begrenzung, die Verbindungsdaten. In einigen WLAN-Routern finden Sie daher die Namen aller Computer, die jemals über diese Komponente mit dem Internet verbunden waren. Die IP-Adresse ist in diesem Fall nicht interessant für uns, denn die meisten WLAN-Router arbeiten mit DHCP.[1] Das bedeutet, dass angeschlossene Computer eine dynamische IP-Adresse vom Router erhalten. Aber eines ist fast immer verfügbar: Die MAC-Adresse (siehe Kap. 3) der angeschlossenen Rechner.

Eine MAC-Adresse kann natürlich gefälscht werden. Aber wenn jemand seinen Computer mit der echten MAC-Adresse verbunden hat, besteht eine reelle Chance, den Computer zu identifizieren. Durch die MAC-Adresse können Sie den Computerhersteller identifizieren. Die meisten modernen Industriebetriebe arbeiten nach ISO[2] 9001. Dieser internationale Standard für das Qualitätsmanagement und die Dokumentation sorgt zum Beispiel dafür, dass nach der Herstellung einer Produktionscharge, in welcher defekte Komponenten verbaut wurden, alle fertigen Produkte als fehlerhaft identifiziert werden können, indem jedes einzelne Produkt über seine eigene Historie verfügt und der entsprechenden Charge zugeordnet ist.

Das bedeutet im Grunde genommen nichts anderes, als dass der Computerhersteller in der Lage ist, jeden Computer anhand der MAC-Adresse zu identifizieren, der von diesem Unternehmen gebaut wurde. Das ist aber längst nicht alles: Einige Hersteller arbeiten mit einem Direktverkauf. Andere Hersteller bieten ihren Kunden eine erweiterte Garantie oder spezielle Dienstleistungen an, wenn der Käufer seinen Computer registriert. In diesen Fällen haben die Hersteller die personenbezogenen Daten einschließlich der Adresse oder mindestens Name, Telefonnummer und E-Mail des Kunden, der ein entsprechendes Gerät erworben hat. Soweit keine Registrierung eines Rechners verfügbar ist und dieser auch nicht direkt vom Hersteller erworben wurde, ist es immer noch nachvollziehbar, an welchen Händler ein Hersteller oder Großhändler ein Gerät verkauft hat. Soweit beim Händler das Gerät nicht in bar bezahlt wurde, sondern per EC-Karte oder mit Kreditkarte gekauft wurde, ist auch hier der Verkäufer über die Distributionskette identifizierbar. Führen all diese Wege nicht zum Ziel, ist es immer noch möglich, dass eine MAC-Adresse von Internetanbietern identifiziert wird. Je nach nationaler Rechtslage kann dies einfacher oder schwieriger sein. Aus technischer Sicht ist es jedenfalls möglich.

---

[1] Dynamic Host Configuration Protocol.
[2] International Organization for Standardization.

Die Firewall

16

Zusammenfassung

Längst gehört die Firewall zur Standardausstattung von Unternehmen. Aber Firewall ist nicht gleich Firewall. Das Kapitel erläutert worauf bei der Auswahl eines Firewallsystems geachtet werden soll und was bei der Konfiguration zu beachten ist.

Wenn wir uns einem Großfeuer mit 30 Meter hohen Flammen gegenüber sehen, dann ist es nachvollziehbar, dass diese Wand aus Feuer nur schwer für uns zu überwinden ist. Lodern die Flammen jedoch nicht höher als ein paar Zentimeter über dem Grund und besitzt das Feuer auch keine große flächenmäßige Ausdehnung, würden wir einfach darüber springen oder um das Feuer herumgehen. Dieser Vergleich beschreibt recht gut die Situation beim Einsatz technischer Firewalls in der Welt der Informatik. Manche Firewalls sind sehr effektiv, während andere eher dazu taugen, Sicherheit nur vorzugaukeln. Da die Gefahren aus dem Internet jedoch real sind und stetig an Intensität, Quantität und Gefährdungspotential zunehmen, sollte, um den bildlichen Vergleich noch einmal zu bemühen, das undurchdringliche Großfeuer zum Einsatz kommen. Im Rahmen dieser Publikation wird in diesem Zusammenhang häufig von einer professionellen Firewall gesprochen. Worin liegen aber die Unterschiede zwischen Firewalls für den professionellen Gebrauch und – nennen wir sie einfach mal – Spielzeug-Firewalls?

© Springer Fachmedien Wiesbaden GmbH, ein Teil von Springer Nature 2020   87
T. H. Lenhard, *Datensicherheit*, https://doi.org/10.1007/978-3-658-29866-1_16

Eine Firewall trennt verschiedene Netzwerke. Normalerweise haben diese
Netze unterschiedliche IP-Nummernkreise. Bei den IP-Nummern wird unterschieden zwischen privaten und öffentlichen IP-Nummern. Eine private IP-Nummer,
wie sie zum Beispiel in einem kleinen Netzwerk verwendet wird, wäre zum
Beispiel:

192.168.2.10

Diese privaten IP-Nummern werden im Internet nicht weitergeleitet.

Um aber auf die Firewall zurückzukommen, sollte ein solches Geräte (es ist
auch als Softwarelösung erhältlich) nicht nur verschiedene Netzwerke trennen,
sondern auf eine intelligente Weise die Kommunikation zwischen den Netzwerken
steuern und überwachen. Daher ist es auch grundlegend erforderlich, dass eine
Firewall weiß, welche Kommunikation erlaubt ist und welche Verbindungsversuche sie unterbinden soll. Einige preisgünstige Firewalls überprüfen nur die betei-
ligten IP-Nummern, wenn eine Verbindung etabliert werden soll.

Nehmen wir an, dass wir in unserem Unternehmen oder in unserer Organisation
einen Server betreiben würden, der die IP-Adresse 131.58.40.100 verwendet. Im
selben Netzwerk, so nehmen wir weiter an, befinden sich Clientcomputer mit anderen IP-Nummern dieses IP-Nummernkreises. Nun erreicht eine Kommunikati-
onsanfrage die Firewall. Dabei versucht sich ein Gerät mit der IP-Nummer
131.58.40.17 mit dem Server zu verbinden und eine Kommunikation aufzubauen.
Auf den ersten Blick scheint das OK zu sein und eine einfache Firewall würde die
Datenpakete ohne weitere Untersuchung weiterleiten. Wenn aber die Quelle dieser
IP-Adresse in einem anderen Netzwerk liegt oder sogar aus dem Internet stammt
und es sich um eine gefälschte IP-Adresse handelt, ist der Hack unserer Firewall
und des Servers fast abgeschlossen. Es ist daher von elementarer Wichtigkeit, dass
eine Firewall das Netzwerk identifiziert, aus dem ein Datenpaket stammt. Wenn ein
Paket aus einem Netzwerk stammt, das nicht zur angegebenen IP-Adresse passt, so
müssen Zugriff und Übertragung sofort verweigert werden. Darüber hinaus merken sich moderne Firewalls auch, welcher Rechner aus dem internen Netz eine
Anfrage an einen Server im Internet gestellt hat und lassen Antworten aus dem
Internet nur dann zu, wenn diesen auch eine solche Anforderung zugeordnet werden kann. Derartige Firewalls mit erweiterten Analysefunktionen werden als State-
ful Inspection Firewalls oder einfach als intelligente Firewalls bezeichnet.

Hardware-Firewalls werden häufig um sogenannte Proxy-Funktionalitäten er-
weitert. Derartigen Geräten ist es nicht nur möglich, den Datenverkehr zu filtern
und unberechtigte Verbindungsanfragen abzulehnen, sie können vielmehr sogar
Webseiten mit gefährlichen oder radikalen Inhalten blockieren. Darüber hinaus
sind solche Firewalls auch in der Lage, den Datenverkehr nach Viren und Malware

zu untersuchen und Verbindungen von infizierten Rechnern zu Malware-Servern im Internet zu blockieren. Entsprechende Geräte (s. o.) sollten zur Standardausstattung jeder Organisation und jedes Unternehmens gehören, dessen IT-Systeme Zugriff auf das Internet haben.

▶   **Merksatz 39**: *Firewalls sollten immer dem Stand der Technik entsprechen.*

Üblicherweise wird in den meisten Fällen eine Firewall nicht vollständig für eine spezielle IP-Adresse oder für eine MAC-Adresse geöffnet. Für eine geplante Kommunikation werden vielmehr die speziellen Ports benötigt (siehe Kap. 3). Daher sollen immer nur die Ports in der Firewall geöffnet sein, die auch tatsächlich für eine geplante Kommunikation erforderlich sind.

Um herauszufinden, welche Ports in einer Firewall geöffnet sind, kann ein sogenannter Port-Scanner eingesetzt werden. Es handelt sich hierbei um ein Softwareprogramm, dass für alle Ports nacheinander die Möglichkeit der Verbindung testet. Solche Port-Scanner sind kostenlos im Internet verfügbar und können manchmal wertvolle Hilfestellung leisten, um Konfigurationsprobleme zu identifizieren. Eine große Organisation im Gesundheitswesen hat vor einiger Zeit einen Test mit einem Port-Scanner aus dem Internet beauftragt. In weniger als einer Minute fand der Tester einen offenen Port und ein paar Sekunden später sah er den Login-Dialog des Domänenkontrollers vor sich auf dem Bildschirm. Die entsprechende Sicherheitslücke wurde umgehend geschlossen.

▶   **Merksatz 40**: *Bitten Sie einen Experten, in Ihr System einzubrechen, um die Datensicherheit zu verbessern. Geben Sie ihm aber zu diesem Zweck keinerlei Passwörter.*

Der Router 17

Zusammenfassung

Ohne einem Router besteht grundsätzlich keine Verbindung zwischen einem lokalen Netzwerk und dem Internet. Was immer also an Daten mit Servern im Internet ausgetauscht wird, muß zwangsläufig den Router passieren. Auch erfolgreiche Angriffe auf Unternehmensnetzwerke dürften in vielen Fällen über den Router erfolgen. Daher befasst sich dieses Kapitel mit der Funktion und Bedeutung des Routers für die Kommunikation innerhalb und außerhalb eines Unternehmensnetzwerks und liefert Vorschläge, worauf beim Einsatz entsprechender Geräte geachtet werden sollte.

In einigen der vorhergehenden Kapitel sprachen wir über WLAN-Router oder Firewalls. Heutzutage sind die technischen Grenzen zwischen den einzelnen Geräten mehr und mehr verschwommen, denn in Hardware-Firewalls können die Funktionen von Routern und in Routern oft die Funktionen von Firewalls integriert sein. Wenn wir aus dem Netzwerk unserer Organisation mit dem Internet kommunizieren möchten, können wir das allerdings nicht ohne Routing und ohne die Funktionalität eines Routers realisieren. Router arbeiten auf der dritten OSI[1]-Schicht. Wir

---

[1] Open Systems Interconnection (siehe auch Kap. 3).

© Springer Fachmedien Wiesbaden GmbH, ein Teil von Springer Nature 2020
T. H. Lenhard, *Datensicherheit*, https://doi.org/10.1007/978-3-658-29866-1_17

erinnern uns: Diese Schicht kümmert sich um das korrekte Routing zwischen Absender und Empfänger von Datenpaketen. Router verbinden Netzwerke oder Netzwerksegmente, die unterschiedliche Adressbereiche verwenden.[2] Wenn beispielsweise ein Netzwerk in einer Organisation den IP-Adressbereich 192.168.2.x (privates Netzwerk) verwendet und die Organisation eine feste IP für die Internetkommunikation nutzt, zum Beispiel 79.246.238.175 (öffentliche Adresse), dann weiß der Router, dass Datenpakete, die für die Kommunikation mit einem Internetdienst bestimmt sind, entsprechend an das Internet weitergeleitet werden müssen. Letzteres wird intern im Router durch die oben gezeigte feste IP-Adresse repräsentiert.

Da Router auch innerhalb von Organisationen und Unternehmen verwendet werden, um die Kommunikation zwischen einzelnen Netzwerksegmenten zu realisieren, ist die sogenannte Routingtabelle ein wesentliches Merkmal derartiger Geräte. Das bedeutet, dass der Router weiß, in welchem Netzwerk oder in welchem Netzwerksegment eine bestimmte Netzwerkadresse gefunden werden kann.

Die meisten gängigen Betriebssysteme erlauben die Definition eines Standard-Gateways.

Auch wenn der Begriff Gateway eigentlich für ein Gerät steht, dessen Vermittlungstätigkeit nicht auf die 3. Schicht des OSI-Modells beschränkt ist und daher auch die Kommunikation zwischen Netzwerken mit unterschiedlichen Netzwerkprotokollen unterstützt, handelt es sich beim sogenannten Standard-Gateway der meisten Netzwerke um einen Router. Da die Routing-Funktionalität, welche mittels Routingtabellen arbeitet, leicht überlistet werden kann, empfiehlt es sich, dass ein Router nie ohne eine entsprechend professionelle Firewall mit dem Internet verbunden wird. Die Verwendung einer Firewall beziehungsweise eines Firewall-Routers kann auch innerhalb einer Organisation oder eines Unternehmens nützlich sein, selbst wenn nur interne Netzwerksegmente darüber kommunizieren. Am Beispiel eines Vorfalls in einem mittelständischen Unternehmen wird im Folgenden erläutert, warum das so ist:

Eine Systemaktualisierung (Update), welche ein Dienstleistungsunternehmen per VPN[3] auf den Server der Personalabteilung einer Organisation übertragen hatte, war mit einem Virus infiziert (sic!). Nach der Installation des Updates wurden die Rechner der gesamten Abteilung infiziert. Da aber alle Segmente des Netzwerks der Organisation durch Firewalls getrennt waren, konnte der Virus die Firewall nicht überwinden und sich in der Organisation nicht weiter ausbreiten. Der Gesamtschaden, der durch diesen Vorfall verursacht wurde, war überschaubar.

---

[2] Dausch, Netzwerke – Grundlagen, Herdt-Verlag, 2014.
[3] Virtual Private Network.

Firewalls können aber auch ausgesprochen nützlich sein, wenn Mitglieder einer Organisation oder Mitarbeiter eines Unternehmens versuchen, Informationen – aus welchem Grund auch immer – auszuspionieren, die sie nicht für die Ausführung ihrer Tätigkeit benötigen.

▶ **Merksatz 41**: *Verbinden Sie niemals einen Router mit dem Internet, wenn dieser nicht über eine professionelle Firewall verfügt oder eine entsprechende Firewall zusätzlich dazu vorhanden ist.*

▶ **Merksatz 42**: *In größeren Organisationen und Unternehmen ist es sinnvoll, auch Netzwerksegmente (Abteilungsnetzwerke) durch Firewalls voneinander zu trennen.*

Konfiguration von Schutzsystemen 18

Zusammenfassung

Die Bedienbarkeit eines Antivirensystems oder einer anderen Schutzsoftware ist ein grundlegender Erfolgsfaktor für die Erreichung angestrebter Schutzziele. Dieses Kapitel zeigt häufige Fallstricke beim Einsatz von Sicherheitssystemen, gibt einen Überblick darüber wie Antiviren- und Schutzsysteme ausgewählt werden sollten und wie der Schutz einer Infrastruktur durch Kombination mehrerer Schutzsysteme verbessert werden kann.

Soweit Rechner oder Rechnernetze mit dem Internet verbunden sind, gehört es zu den grundlegendsten technischen und organisatorischen Maßnahmen, dass der Rechner auch gegen Gefahren aus dem Internet abgesichert wird. Je höher dabei die Anforderungen an die Sicherheit sind, desto komplexer zeigen sich oftmals die entsprechenden Systeme. Zwar wird im Kap. 16 empfohlen ausschließlich Geräte zu verwenden, die für den professionellen Einsatz geeignet sind, alleine nur die Anschaffung eines solchen Geräts, bedeutet jedoch nicht zwangsläufig, dass ein Netzwerk davon auch ausreichend geschützt wird. Gleiches gilt auch für Antiviren- und sonstige Sicherheitssoftware.

Ein Beispiel aus dem Bereich der öffentlichen Verwaltung mag das veranschaulichen. Nachdem eine Verwaltung ein webbasiertes Bürgerportal in Betrieb nehmen wollte, gab es diesbezüglich Schwierigkeiten, unterschiedliche Dienste des

© Springer Fachmedien Wiesbaden GmbH, ein Teil von Springer Nature 2020
T. H. Lenhard, *Datensicherheit*, https://doi.org/10.1007/978-3-658-29866-1_18

Web-Servers aus dem Internet zu erreichen. Davon abgesehen, dass üblicherweise
ein Web-Server in einem DMZ-Netzwerk untergebracht sein sollte und nicht direkt
im Hauptnetz eines Unternehmens oder einer Verwaltung, ist es üblich, dass für
bestimmte angebotene Dienste auch unterschiedliche Ports zum Einsatz kommen
(siehe Kap. 3). Nachdem nun bei Tests nicht alle Dienste vom Internet aus nutzbar
waren, laborierte der IT-Verantwortliche so lange an der Firewall, bis das Portal
einwandfrei angesprochen werden konnte. Dieser Erfolg war nur von sehr kurzer
Dauer, denn der IT-Verantwortliche hatte als Zugriffsregel mit höchster Priorität
„ANY-ANY" definiert. Das bedeutete im Zusammenhang mit der eingesetzten
Firewall, dass jeglicher ein- und ausgehender Datenverkehr erlaubt wurde. Da
diese Regel mit höchster Priorität angewendet wurde, gelangte sämtlicher Datenverkehr ungefiltert durch die Firewall. Im Grunde entsprach die Einstellung einer
Konstellation in der überhaupt keine Firewall vorhanden wäre. Dramatisiert wurde
die Situation darüber hinaus auch dadurch, dass im Netzwerk der Verwaltung teilweise noch Betriebssysteme eingesetzt wurden, die vom Hersteller bereits seit Jahren abgekündigt worden waren (siehe Kap. 6). Nach kürzester Zeit waren die Server mit veralteten Betriebssystemen bereits durch diverse Schadsoftware infiziert,
welche sich von dort aus in- und extern weiter verbreitete. Zwar war eine Sicherheitssoftware im Netzwerk installiert, welches grundsätzlich Viren und Schadprogramme bekämpfen kann, jedoch war dieses mit ebenso großer Sorgfalt konfiguriert,
wie die Firewall der Verwaltung. Viren wurden zwar erkannt und gemeldet, sie
wurden jedoch nicht gelöscht oder sonst beseitigt. Nutzer wurden also regelmäßig
über die Verseuchung Ihrer Rechner in Kenntnis gesetzt, bekämpft wurde die Bedrohung indes nicht. Erst die Anforderungen eines externen Teams hat eine Verbesserung der Situation gebracht. So wurde nach Bereinigung des Netzwerks und
Abschaltung von Rechnern mit veralteten Betriebssystemen die Firewall so programmiert, dass lediglich diejenigen Ports Datenverkehr zugelassen haben, welche
für den Betrieb der entsprechenden Systeme erforderlich waren. Darüber hinaus
wurden Server, die aus dem Internet erreichbar sind, aus dem Hauptnetzwerk heraus genommen und in ein DMZ[1]-Netzwerk integriert. Der Umfang der Verseuchung mit Viren und Schadprogrammen war zu diesem Zeitpunkt enorm. Jeder
Rechner wurde einzeln von Viren gesäubert und zur Vermeidung einer weiteren
Ausbreitung von Viren und Schadsoftware wurde die Programmausführungskont-
rolle der Schutzsoftware aktiviert. Soweit diese in einem domänenbasierten Netzwerk aktiv ist, können auf den überwachten Rechnern nur Programme ausgeführt
werden, deren Ausführung explizit durch den Administrator erlaubt wurde. Eine

---

[1] Demilitarisierte Zone = Netzwerk, dass von anderen Netzwerken durch eine Firewall getrennt ist und auf das von dort aus (z. B. aus dem Internet) Zugriff besteht.

solche Funktion verhindert zwar die erneute Ausbreitung eines Virus im Netzwerk, sollte jedoch hinsichtlich des Administrationsaufwands nicht unterschätzt werden. Software die üblicherweise und regulär in einem Netzwerk eingesetzt wird, muss nämlich auch freigegeben werden und mitunter erkennt eine Ausführungskontrolle verschiedene Versionen einer Software als unterschiedliche Programme. Das heißt, dass selbst bei Netzwerken mit weniger als 100 Rechnern und Servern, eine hohe Zahl an Programmanfragen der Schutzsoftware beantwortet werden muss.

Das Beispiel zeigt aber zunächst einmal, dass ein Schutzsystem unter Umständen wirkungslos bleibt, wenn das Wissen im Unternehmen oder in der Institution fehlt, wie es korrekt im konkreten Umfeld konfiguriert werden muss. In diesem Fall war der interne IT-Administrator vollkommen von der Komplexität der eingesetzten Systeme überfordert.

▶ **Merksatz 43**: *Soweit Ressourcen oder Knowhow für den effektiven Einsatz von Sicherheitssystemen nicht im Unternehmen vorhanden sind, sollten Sie ein derartiges System durch zuverlässige externe Experten betreuen lassen.*

Nicht immer jedoch liegt die Ursache von Fehlkonfigurationen vollständig in der Verantwortung des Unternehmens, dass eine Sicherheitssoftware erworben und in Betrieb genommen hat. In einem weiteren Fall, sollte eine zentral gesteuerte Antivirenlösung aufgrund von Abkündigung der älteren Version in einem mittelständigen Unternehmen durch erfahrene Administratoren aktualisiert werden. Bis zur Durchführung des Updates arbeitete das System zuverlässig. Trotz Einhaltungen aller Vorgaben führte die Systemaktualisierung zu signifikanten Problemen. Die Verteilung der Schutzsoftware auf Clients funktionierte nicht mehr, Clients wurden zum Teil überhaupt nicht mehr von der Schutzsoftware gefunden oder nach kurzer Zeit als nicht integriert angezeigt, obwohl zuvor alles zu funktionieren schien. Die umständliche Kontaktaufnahme mit dem technischen Support des Unternehmens brachte keine Verbesserung. Der Support des Unternehmens war dabei in seiner Qualität durchaus vergleichbar mit zahlreichen Foren im Internet in denen mehr oder weniger ahnungslose Zeitgenossen in regelmäßigen Anflügen von Selbstüberschätzung nutzlose Ratschläge erteilen. Allein dreimal wurden ein und dieselben Dateien und Informationen angefordert, welche durch ein Prüftool generiert worden sind, das vom entsprechenden Anbieter zur Verfügung gestellt wurde. Dann wurde den Administratoren eröffnet, dass Sie für jedes Teilproblem einen neuen Task im Support-Portal erstellen müssten. Gelöst durch den Support wurde indes überhaupt keines der auftretenden Probleme. Es wurde dann noch empfohlen die neueste Version einzuspielen, in der angeblich die Probleme behoben wären. Allerdings war zu dem Zeitpunkt das System schon auf dem neuesten Stand. Daher wurde durch die Administratoren der vollständige Server neu installiert. Die Schutzsoftware in der aktuellsten Version zeigte hiernach die gleichen Fehlfunktionen, so dass nur eine Schlussfolgerung möglich war, dass nämlich die neue Version mit der die abgekündigte Programmversion des Anbieters ersetzt werden sollte, extrem fehlerhaft und der angebotene Support vollkommen unzureichend war. Die Administratoren haben hiernach beschlossen, Schutzsoftware anderer Anbieter zu testen und zukünftig nicht mehr auf das bislang genutzte System zurück zugreifen. Herstellersupport wird häufig erst dann gebraucht, wenn schwerwiegende Probleme mit einer Software oder einem System auftreten. Dann zu merken, dass der zum Teil teuer bezahlte Support nutzlos ist, verschärft in aller Regel die aufgetretene Problematik. Im konkreten Sachverhalt zeigte sich aber auch, dass es durchaus sinnvoll ist, sich nicht auf Testberichte aus Zeitschriften zu verlassen. Soweit nämlich die Anbieter von Schutzsystemen Werbekunden bestimmter Zeitschriften sind, stellt sich das ein oder andere Mal die Frage, wie objektiv eine Kritik oder ein Test bezüglich eines solchen Produktes ausfallen wird. Auch zeigen sich zuweilen eklatante Unterschiede zwischen den Einschätzungen unterschiedlicher Tests, je nachdem, in welcher Zeitschrift oder in welchem Internet-Forum diese veröffentlicht wurden.

▶   **Merksatz 44**: *Verlassen Sie sich bei der Auswahl von Sicherheitssystemen nicht auf die Aussagen des Marketings oder der Werbung.*

Als relativ unkritisch zeigen sich Antiviren- und Schutzsysteme üblicherweise, solange Sie auf einzelnen Rechnern installiert werden. Schwieriger wird jedoch die Installation solcher Systeme im Firmennetzwerk, wenn Einstellungen, Software- und Updateverteilung zentral über einen Server abgewickelt werden sollen.

Zusammenfassend können Probleme im Wesentlichen aus folgenden Umständen resultieren:

- Die Software ist zu komplex für den Nutzer
- Die Bedienung der Software ist nicht selbsterklärend
- Die Software ist fehlerhaft
- Der Support für die Software ist mangelhaft oder vollkommen unzureichend

Bei der Auswahl einer entsprechenden Software sollte daher zunächst geklärt werden, ob dieses intern gewartet und betreut werden soll oder ob für Wartung und Betreuung diesbezüglich auf einen externen Dienstleister zurück gegriffen wird.

Wird das System von einem externen Dienstleister betreut, so wird sich dieser üblicherweise auf die Betreuung von Systemen von einem oder von zwei Herstellern spezialisiert haben. Ein Unternehmen, das die Sicherheitssoftware oder die eine Firewall durch einen Dienstleister betreuen lässt, begibt sich allerdings in eine gewisse Abhängigkeit. Der Dienstleister sollte dann unbedingt als zuverlässig bekannt sein und insbesondere sollte ein Nachweis erbracht werden, dass die mit einer späteren Betreuung der entsprechenden Systeme im Unternehmen betrauten Mitarbeiter des Dienstleisters auch regelmäßig hinsichtlich dieser Systeme geschult werden. Ganz besonders dann, wenn im Unternehmen das notwendige Knowhow nicht vorhanden ist, um selbst sicherheitsrelevante Systeme zu betreuen, sollten derartige Systeme vom zuverlässigen externen Dienstleistern betreut werden.

Soweit nicht auf externe Dienstleister zurück gegriffen wird und die Auswahl einer zukünftig eingesetzten Sicherheitssoftware durch eigene Mitarbeiter erfolgen sollte, ist in jedem Fall ein umfassender Test von Systemen angeraten. Durch die zwischenzeitlich weitverbreitete Virtualisierungstechnik werden umfassende Tests ermöglicht, bei gleichzeitig geringem Installationsaufwand.

▶ **Merksatz 45**: *Der Auswahl einer Sicherheitssoftware, die ohne zusätzlich eingekaufte Dienstleistungen betrieben werden soll, sollte daher immer eine umfassende Evaluation vorausgehen.*

Der Endbenutzer hat üblicherweise nicht die Möglichkeit Programmiercode oder Suchalgorithmen einer Antivirensoftware zu untersuchen. Soweit auf gängige und weitverbreitete Schutzsoftware zurückgegriffen wird, muss daher davon ausgegangen werden, dass diese üblicherweise Ihren Zweck erfüllen wird, Viren und Schadsoftware zu identifizieren und zu beseitigen. Daher sollte bei der Auswahl einer solchen Software das Hauptaugenmerk auf einer intuitiven Bedienbarkeit liegen. Die Software sollte sich für den Testbetrieb leicht installieren lassen und fehlerfrei arbeiten. Wenn im Testbetrieb nämlich Probleme auftauchen, kann davon ausgegangen werden, dass diese im Echtbetrieb nicht weniger werden. Unbedingt sollte auch der Support getestet werden. Hier stellt sich insbesondere die Frage, ob ein telefonischer Support verfügbar ist, der regelmäßig erreicht werden kann oder ob Supportfälle nur über ein umständliches Internetportal mit vorheriger Anmeldung und Registrierung gemeldet werden können und der Anfragende dann irgendwann eine mehr oder weniger hilfreiche E-Mail erhält.

▶ **Merksatz 46**: *Für eine in Eigenregie verwaltete Sicherheitssoftware sollte ein umfassender Support sichergestellt sein. Dazu gehört insbesondere die Möglichkeit kurzfristig mit dem Support telefonisch Kontakt aufnehmen zu können.*

Im Zusammenhang mit der Auswahl von Antiviren- oder anderer Schutzsoftware stellt sich darüber hinaus die Frage, ob es sinnvoll ist, in einem Unternehmen nur auf das Produkt eines bestimmten Herstellers zu vertrauen oder ob eher mehrere Antivirensysteme zum Einsatz kommen sollten.

Diese Frage ist relativ einfach zu beantworten. Gehen wir davon aus, dass keines der gängigen Antivirensysteme auf Dauer eine Erkennungsrate von 100 % sicherstellen kann und die Systeme zumeist unterschiedliche Stärken und Schwächen aufweisen, dann liegt es auf der Hand, dass die Erkennungsrate innerhalb des Netzwerks verbessert werden kann, wenn in mehrstufiger Anordnung unterschiedliche Antivirensysteme zum Einsatz kommen. Oder anders beschrieben: Wenn wir ein und dieselbe Antivirensoftware auf allen Rechnern einsetzen, dann wird unter Umständen eine E-Mail mittels derselben Prüfroutinen auf dem Proxy-Server, dem E-Mail-Server und auf dem Endgerät nach Viren durchsucht. Eine dreifache Suche mit ein und derselben Software bringt jedoch erkennbar keinen Mehrwert. Nehmen wir nun an, dass ein Virus in seiner Codierung so neu ist und derart subtil entwickelt wurde, dass eine entsprechende Virendefinition, also eine entsprechende Identifikationsmöglichkeiten, dem eingesetzten Antivirenprogramm nicht gekannt ist oder dieses durch einen Virus überlistet wird, so würde die virusbehaftete E-Mail im schlimmsten Fall alle drei Instanzen passieren, ohne dass die Gefahr entdeckt würde. Aus diesem Grund sollten Sie, dort wo sich die Möglichkeit dazu bietet, mehrstufig mit mehreren unterschiedlichen Antiviren- und Schutzsystemen arbeiten. Das macht natürlich nur dort Sinn, wo eine entsprechende IT-Infrastruktur vorhanden ist.

▶ **Merksatz 47**: *Soweit eine komplexe IT-Infrastruktur vorhanden ist und dies möglich ist, sollten verschiedene Antiviren- und Schutzsysteme zum Einsatz kommen, die sich in mehrstufigen Prüfungen ergänzen.*

Wie bereits beschrieben, könnte eine entsprechende Konfiguration so aussehen, dass Server und Endgeräte im Netzwerk grundsätzlich von einem zentral gesteuerten Schutzsystem überwacht werden. Wenn jedoch Datenpakete der Internetkommunikation oder E-Mails über Proxy-Server geleitet und dort gefiltert würden, erscheint es sinnvoll, eben dort eine andere Schutzsoftware zum Einsatz zu bringen.

Die Anzahl der Prüfstufen und der unterschiedlichen eingesetzten Schutzsysteme hängt aber immer vom konkreten Aufbau einer IT-Infrastruktur ab.

Soweit ein E-Mail-Server im Unternehmen eingesetzt wird, der mit E-Mail-Clients auf den Endgeräten interagiert, erscheint es ebenfalls sinnvoll auf dem E-Mail-Server ein anderes Antiviren- oder Schutzprogramm zu installieren, als dies auf den Endgeräte verfügbar ist.

Firewalls, Antiviren- und Schutzsoftware sind also immer nur so gut, wie Sie vom Entwickler programmiert wurden und vom Administrator konfiguriert werden.

Die Demilitarisierte Zone 19

Zusammenfassung

Ein erhöhtes Gefährdungspotenzial für IT-Systeme und Infrastrukturen ist immer dann gegeben, wenn Ressourcen innerhalb des Netzwerks aus dem Internet angesprochen und erreicht werden können. Das Kapitel beschreibt den Einsatz sogenannter Demilitarisierter Zonen und die Verwendung von Proxy-Servern um Unternehmensnetzwerke besser gegen Angriffe aus dem Internet abzusichern.

Kaum ein Begriff im Reich der Informatik erscheint ähnlich unpassend gewählt zu sein, wie derjenige der Demilitarisierten Zone, welche häufiger einfach nur mit der Abkürzung DMZ bezeichnet wird.

Ursprünglich bezeichnet der Begriff einen Gebietstreifen zwischen Nord- und Südkorea, in dessen Mitte die Demarkationslinie verläuft. Unter einer solchen Zone stellt man sich also üblicherweise einen Bereich vor, in dem weder Angreifer noch Verteidiger präsent sind und der von beiden Seiten als unbetretbar respektiert wird. Das hat recht wenig mit der DMZ gemein, für welche im Bereich der Informatik dieser Begriff benutzt wird. Diese sollte nämlich eher als Kriegszone bezeichnet werden, da hier bildlich gesprochen, diejenigen, welche die Frontlinie in Form der Firewall überwunden haben mit allen nur denkbaren Mitteln am weiteren Vorrücken gehindert werden. Damit dürfte bereits klar sein, wo sich die DMZ

© Springer Fachmedien Wiesbaden GmbH, ein Teil von Springer Nature 2020   103
T. H. Lenhard, *Datensicherheit*, https://doi.org/10.1007/978-3-658-29866-1_19

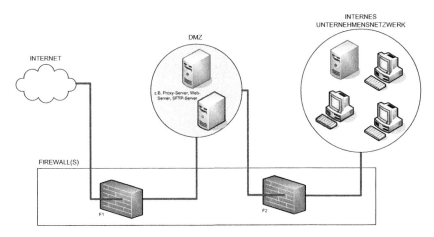

Abb. 19.1 Positionierung eines DMZ-Netzwerks

befindet. Üblicherweise ist diese zwischen dem Internet und den internen Netzwerken als eigenständiges Netzwerk angesiedelt. In einem DMZ werden Server untergebracht, die aus dem Internet erreichbar sein sollen. Soweit ein Server aus dem Internet ansprechbar ist, muss davon ausgegangen werden, dass er durch potenzielle Angriffe stärker gefährdet ist, als dies der Fall ist, wenn er nicht im Internet sichtbar oder von da aus nicht erreichbar wäre.

Die Abb. 19.1 zeigt stark vereinfacht, wie zum Beispiel Proxy-, SFTP- oder Web-Server in einem derartigen Netzwerk positioniert werden können.

Je nach Unternehmensgröße, Anzahl der Server und Außenverbindungen eines Unternehmens können durchaus mehrere DMZ-Netzwerke eingerichtet werden. So kann dabei auch danach differenziert werden, welche Zwecke durch die Server in einem DMZ-Bereich verfolgt werden sollen und wie stark einzelne Systeme gefährdet sind. Nehmen wir einmal an, dass eine bislang unbekannte Sicherheitslücke in einem Basissystem für Web-Server entdeckt wird. Solche Sicherheitslücken werden unter Umständen erst dann öffentlich bekannt gemacht, wenn vom Hersteller bereits ein sogenanntes Patch, also ein Update verfügbar ist, mit dem der Mangel behoben werden kann. Wird nun ein bestimmter Web-Server unter Ausnutzung dieser Sicherheitslücke angegriffen bevor die entsprechende Aktualisierung erfolgt ist, ist die Wahrscheinlichkeit groß, dass der Angriff erfolgreich verläuft. Damit könnte sich ein Hacker eine Ausgangsbasis innerhalb eines Unternehmens schaffen, von der aus weitere Systeme angegriffen würden, wäre der Web-Server nicht in einer DMZ quasi isoliert. Die Kommunikation zwischen Internet und

Web-Server erfordert die Erreichbarkeit des Servers aus dem Internet über bestimmte Ports. Zwar sind intelligente Firewalls durchaus in der Lage, verschiedene
Angriffe zu erkennen. Wenn ein Angriff aber über die regulären Wege erfolgt und
aufgrund einer Sicherheitslücke im Web-Server ausgeführt wird, würde eine Firewall mitunter keine wirkliche Hürde darstellen. Anders sieht es schon aus, wenn
ein eingeschleustes Schadprogramm nach erfolgreichem Angriff auf den Web-
Server im Rahmen weiterer Aktivitäten auf das Internet zugreifen will oder weitere
Schadsoftware auf den Server laden möchte. Solche Anforderungen werden von
zeitgemäßen Firewalls häufig erkannt und bei richtiger Konfiguration auch
verhindert.

Ist ein Hacker aber, trotz aller Sicherheitsvorkehrungen, über eine Sicherheitslücke in einen Server im Bereich der DMZ vorgedrungen, so müsste er immer noch
eine weitere Firewall überwinden um von dort aus in das Firmennetzwerk oder in
Teile des Firmennetzwerks, wie z. B. separate Netzwerke für Entwicklung oder
Produktion einzudringen. Hier bieten Firewalls vielfältige Möglichkeiten dies zu
verhindern. Zum Beispiel kann die Firewall zwischen DMZ und internem Netzwerk so konfiguriert werden, dass nur ein oder zwei interne IP- oder MAC-
Adressen überhaupt berechtigt sind, vom internen Netzwerk zu administrativen
Zwecken auf den Web-Server zuzugreifen. Dabei müsste die Verbindungsanforde-
rung dann immer vom internen berechtigten Gerät ausgehen. Eine Verbindungsan-
forderung aus dem DMZ könnte in diesem Fall generell unterbunden werden. Das
verhindern des Verbindungsaufbaus wird häufig als „Blocken" bezeichnet. Der
benutzte Begriff bringt uns zwangsläufig wieder zurück zur Militärtechnik. Die
DMZ ist am besten mit dem Zwinger einer Burganlage vergleichbar. Hat der Angreifer eine erste Mauer überwunden, steht er in einem tiefen Graben und sieht
sicher einer weiteren, weitaus höheren und massiveren Mauer gegenüber. Er kann
jetzt weder vor noch zurück und wird massiv bekämpft.

In der Abb. 19.1 ist das Prinzip der DMZ sehr einfach dargestellt. Die blaue
Linie zeigt, die Verbindungen vom Internet über die Firewall in das DMZ-Netzwerk
und vom DMZ-Netzwerk über eine weitere Firewall in das interne Unternehmensnetzwerk. Dabei kann es sich bei den Firewalls F1 und F2 technisch durchaus um
ein einzelnes Gerät handelt, welches die Definition mehrerer Netzwerke erlaubt
und für jedes Netzwerk eigene Regeln und Filter erlaubt. Die Konzeptionierung
und Realisierung der Firewall-Infrastruktur ist abhängig von der Struktur und dem
Schutzbedarf im jeweiligen Unternehmen. Durchaus können auch weitere Netzwerke zum Beispiel für die Buchhaltung, für eine Entwicklungs- oder Patentabtei-
lung, für ein unternehmenseigenes Labor oder für andere sensible Teile der Unter-
nehmens-IT definiert und mittels Firewall von anderen Netzwerken getrennt
werden. Soweit ein Netzwerk besonders sensible Daten und Informationen

beinhaltet, könnte dort auch jeglicher Internetzugang gesperrt werden, so dass es ausschließlich unter Einhaltung bestimmter Regeln mit dem Unternehmensnetzwerk kommunizieren könnte und weder Verbindungen mit dem DMZ noch mit dem Internet möglich wären. In der Praxis sind der Planung technisch hier kaum Grenzen gesetzt. Unabhängig vom Einsatz einer DMZ kann die Trennung der IT-Bereiche von Unternehmensteilen durch Firewalls das Sicherheitsniveau des Unternehmensnetzwerks deutlich verbessern (siehe Kap. 17).

Die DMZ bietet jedoch nicht nur Vorteile hinsichtlich eines Web-Servers, der vom Internet her erreicht werden kann. Es können im DMZ-Netzwerk auch Proxy-Server betrieben werden. Diese arbeiten als Zwischenspeicher, das bedeutet am Beispiel des Web-Proxys, dass die Anforderung vom Client-Rechner an den Proxy-Server gestellt wird. Dieser lädt eine Webseite und stellt sie dann dem anfordernden Client-Rechner zur Verfügung. Der Proxy kann dabei auf seinen Cache-Speicher zurückgreifen, so dass der Aufbau einer Webseite, die regelmäßig über den Proxy aufgerufen wird, in der Regel schneller erfolgt, da die Anforderung direkt aus dem Cache-Speicher des Proxys beantwortet werden kann. Sicherlich spielt diese Funktionalität in Zeiten der Glasfaservernetzung und des schnellen Internets nicht mehr die Rolle, die Ihr noch vor einigen Jahren zukam. Dort wo bis dato aber kein „schnelles" Internet verfügbar ist, wird man diese Funktion immer noch zu schätzen wissen. Der weitere Vorteil einer Zwischenspeicherung liegt jedoch auch darin, dass dabei die aus dem Internet gelieferten Daten umfassend geprüft werden können. So können Webseiten hier auf schädlichen Inhalt geprüft werden. Sobald dann konkrete Anhaltspunkte vorliegen, dass der Besuch oder Aufruf einer Webseite für einen Client-Rechner schädlich sein könnte, wird der Proxy den Zugriff auf die Seite blockieren. Darüber hinaus kann ein Proxy mit Filterfunktionalitäten ausgestattet werden. So können dort konkrete Webseiten gesperrt werden, die für die Erledigung dienstlicher Aufgaben nicht erforderlich sind oder die ungewollte oder illegale Informationen beinhalten. In einem derartigen Content-Filter können zum Beispiel pornografische, politisch radikale oder sonst die guten Sitten verletzenden Webseiten gesperrt werden. Auch ist es hier möglich sogenannte Webmailer zu sperren, da diese mitunter geeignet sind, Sicherheitsvorkehrungen hinsichtlich eines Unternehmens auszuhebeln und somit eine Bedrohung für ein Unternehmensnetzwerk darstellen können. Ebenfalls können über einen solchen Content-Filter die Zugriffe auf soziale Netzwerke oder auf andere Portale gesperrt werden. In diesem Zusammenhang sollte jedoch nicht unerwähnt bleiben, dass eine derartige Sperrung nicht ganz unproblematisch ist, insbesondere wenn die private Nutzung der Ressource Internet zuvor im Unternehmen erlaubt war oder zumindest geduldet wurde. Am wenigsten problematisch sind daher Sperrungen, die aus nachvollziehbaren Sicherheitsgründen erfolgen müssen und deren

Unterlassen gegebenenfalls eine Gefährdung für Systeme und Daten bis hin zur
Existenz des Unternehmens darstellen könnten. Soweit mit Content-Filtern im Unternehmen gearbeitet werden soll, wird daher dringend angeraten, dies mit dem
Datenschutzbeauftragten des Unternehmens oder einem externen Berater für Fragen des Datenschutzes abzustimmen. Insbesondere muss nämlich dabei auch berücksichtigt werden, dass derartige Content-Filter mitunter Logdateien schreiben,
über welche nachvollziehbar ist, von welchem Rechner aus eine bestimmte Webseite aufgerufen werden sollte. Die IP-Adresse, die dabei gespeichert wird, ist allgemein als personenbezogenes Datum anzusehen, so dass im Geltungsbereich der
Europäischen Datenschutzgrundverordnung eine derartige Maßnahme immer im
Fokus des Datenschutzes stehen dürfte.

Ebenso wie Webseiten geprüft und gefiltert werden können, sind auch E-Mail-
Proxys in der Lage E-Mails zwischen zu speichern und E-Mails und Anhänge,
selbst wenn diese gepackt sind, auf Schadcode zu untersuchen. Außerdem kann an
dieser Stelle bereits ein SPAM-Filter zum Einsatz kommen, so dass der eigentliche
E-Mail-Server bereits deutlich entlastet wird. Aus dem Einsatz eines E-Mail-Pro-
xys bei einem Mittelständigen Betrieb mit rund 850 Mitarbeitern ist bekannt, dass
täglich mehrere tausend Spam-E-Mails bereits auf dem E-Mail-Proxy ausgefiltert
werden. Wird nun auf dem E-Mail-Proxy bereits ein Virenscanner eingesetzt, so
empfiehlt es sich auf dem E-Mail-Server einen anderen Virenscanner zu verwenden. Wird nun schließlich auch auf den Endgeräten nach Viren gescannt, wäre dann
jede E-Mail bereits dreimal durch unterschiedliche Virenscanner untersucht worden, bevor sie der Empfänger gelesen hat. Diese Mehrstufigkeit kann die Gefahr
einer Virusverseuchung eines Endgeräts oder eines Unternehmensnetzwerks durch
E-Mails signifikant verringern (siehe Kap. 10). Einsatz, Art und Umfang der entsprechenden Ausgestaltung eines DMZ-Netzwerks sollte immer system-individu-
ell geplant werden. Grundsätzlich wird jedoch empfohlen, soweit Web-Server
nicht bei einem Provider extern sondern im Unternehmen selbst betrieben werden,
diese grundsätzlich in einem DMZ zu separieren.

▶ **Merksatz 48**: *Sie sollten Web-Server, die aus dem Internet erreichbar
   sind und im eigenen Unternehmen betrieben werden, stets in einem
   DMZ-Netzwerk oder zumindest außerhalb des zentralen Unternehmensnetzwerks unterbringen.*

An dieser Stelle sollte ein Faktor nicht vergessen werden, der im Zusammenhang mit der Datensicherheit häufig eine wesentliche Rolle spielt und dem eigens
auch das Kap. 9 dieses Buches gewidmet ist: Der Mensch! Die Erfahrung zeigt,
dass es mitunter schwierig ist, liebgewordene Gewohnheiten insbesondere in Form

einer privaten Nutzung von E-Mail und Internet von Mitarbeiter am Arbeitsplatz zu unterbinden. Das beste Argument aber, um Proxy-Server und Content-Filter in einem Unternehmen zu etablieren, besteht stets darin die Gefahren durch die private und häufig zugleich unreflektierte Nutzung zu betrachten, die im schlimmsten Fall zu einem Produktionsausfall, Stillstand des Unternehmens, zum Verlust von Betriebsgeheimnisse und Forschungsunterlagen, zu eklatanten Datenschutzverstößen oder sogar zum „Sudden Death" eines Unternehmens führen können. Viren und Schadprogramme unterscheiden dabei nicht zwischen den Rechnern und den Aktivitäten von Mitarbeitern und Führungskräften. Das heißt, dass für alle Personen im Unternehmen dieselben Regeln und Einschränkungen gelten sollen.

▶   **Merksatz 49**: *Ein Computervirus unterscheidet nicht zwischen Führungskraft und Mitarbeiter. Sie sollten daher stets dafür Sorge tragen, dass Sicherheitsrichtlinien des Unternehmens in gleicher Weise für alle Beschäftigten gelten.*

Organisatorische Datensicherheit 20

Zusammenfassung

Technik kann in vielerlei Hinsicht die Datensicherheit deutlich erhöhen. Wenn allerdings geheime Dokumente im Hausmüll des Unternehmens enden, gelangt selbst die beste Sicherheitstechnik schnell an ihre Grenzen. Hier zeigt sich, dass Datensicherheit nur dann effektiv im Unternehmen gewährleistet werden kann, wenn Mitarbeiter ebenso in die Sicherheitsbetrachtungen einbezogen werden, wie Prozesse und Verfahrensweisen des Unternehmens. Daher erfordern Sicherheitskonzepte auch stets die Betrachtung organisatorischer Maßnahmen. Diese Kapitel zeigt eine exemplarische Auswahl an organisatorischen Maßnahmen und gibt dabei einen Einblick in das weite Spektrum jenseits technischer Maßnahmen.

Sind Sie als Leser erst einmal bei diesem Kapitel angelangt, so wird eines für Sie nachvollziehbar sein: Dass es nämlich in den wenigsten Fällen für die Sicherheit von Netzwerken ausreichend sein kann, nur ein paar technische Geräte anzuschaffen und zu installieren. Datensicherheit kann ebenso wie Datenschutz nur dann effektiv und zugleicht effizient realisiert werden, wenn technische Ausstattung und organisatorische Maßnahmen aufeinander abgestimmt sind.

Ebenso wie technische Maßnahmen sehr umfangreich sein können, kann auch die Planung und Umsetzung organisatorischer Maßnahmen einen hohen Komplexitätsgrad erreichen. Daher wird in diesem Kapitel nur eine kleine Auswahl grundlegender organisatorischer Maßnahmen im Folgenden aufgezählt:

- Kein Unbefugter darf physischen Zugriff auf Servern oder Netzwerkkomponenten erhalten. Das bedeutet, dass Serverräume und Netzwerkverteilerschränke verschlossen sein müssen und nur dann geöffnet werden, wenn Administratoren oder berechtigte Personen diesen Raum betreten müssen. Ein Serverraum darf nicht als Lager (zum Beispiel für Bürobedarf) oder Unterbringung von Druckstationen oder Papierschreddern dem gesamten Personal offen stehen.
- Es muss sichergestellt werden, dass keine unbefugte Person physischen Zugang zu einem Arbeitsplatzrechner erhalten kann (zum Beispiel wenn kein Personal im Büro ist).
- Jeder Mitarbeiter soll nur auf diejenigen Daten Zugriff erhalten, die er für die Erledigung seiner Aufgaben benötigt.
- Arbeitsplatzrechner sollen nur über Komponenten verfügen, die auch tatsächlich erforderlich sind. In vielen Fällen ist es zum Beispiel nicht erforderlich, dass ein Arbeitsplatzrechner mit einem DVD-Laufwerk oder einem Brenner ausgestattet ist. Sie sollten daher Computer bereits in der Konfiguration anschaffen, die erforderlich ist. (Anmerkung: Das kann einem Unternehmen viel Geld sparen.)
- Achten Sie darauf, dass keine privaten Speichergeräte an einen Computer Ihres Unternehmens angeschlossen werden können.
- Achten Sie auf die Sicherheit des Gebäudes und seiner Umgebung.
- Sensibilisieren Sie die Mitarbeiter in Bezug auf Datensicherheit und Datenschutz.
- Legen Sie verbindliche Regeln für den Umgang mit Daten- und IT-Systemen im Unternehmen oder der Organisation fest.
- Ausdrucke und Papierdokumente mit sensiblem Inhalt gehören nicht in den Hausmüll.

Merksätze

21

Zusammenfassung

Der Intension folgend Datensicherheit verständlich zu vermitteln, wurden in den bisherigen Kapiteln der vorliegenden Publikation Merksätze formuliert, welche bei Beachtung durchaus geeignet sind, signifikanten Gefahren für die Datensicherheit vorzubeugen. Diese Merksätze sind in diesem Kapitel nochmals abschließend zusammengefasst und sollen dem Leser die Möglichkeit geben, ähnlich einer Checkliste, eine schrittweise Überprüfung durchzuführen, inwieweit die angesprochenen Merksätze bereits im Unternehmen oder in der Organisation berücksichtigt werden. Am Ende wird sich eine mehr oder weniger umfangreiche Liste für den Leser ergeben, was an Verbesserungen für die Datensicherheit sinnvoll wäre. Auch wenn diese Liste niemals einen Audit durch einen Sachverständigen ersetzen kann, so liefert Sie doch Einblicke, die es ermöglichen eine erste Einschätzung den Sicherheitsniveaus im Unternehmen oder in der Organisation vorzunehmen.

1. Vermeiden Sie es, Computer- oder Telefonanlagen, insbesondere Serverräume oder Teile von Rechenzentren, in unterirdischen Kellern oder Tiefgaragen zu platzieren. Entsprechende Anlagen sollten sich in der Mitte eines Gebäudes befinden (BSI2016-1).

© Springer Fachmedien Wiesbaden GmbH, ein Teil von Springer Nature 2020 111
T. H. Lenhard, *Datensicherheit*, https://doi.org/10.1007/978-3-658-29866-1_21

2. Endgeräte wie Arbeitsplatzrechner, Monitore und Drucker am Arbeitsplatz sollten immer abgeschaltet sein, wenn sie nicht benötigt werden (zum Beispiel außerhalb der Bürozeiten).

3. Vermeiden Sie die Verwendung von kaskadierten Steckdosen. Die elektrische Versorgung von IT-Systemen muss von einem Fachmann sorgfältig geplant werden.

4. Betreiben Sie niemals einen Server ohne Absicherung durch eine ausreichend dimensionierte unterbrechungsfreie Stromversorgung.

5. Überprüfen Sie regelmäßig, ob für eingesetzte Software oder Betriebssysteme sicherheitsrelevante Aktualisierungen verfügbar sind.

6. Benutzen Sie keine veralteten Betriebssysteme.

7. *Verbinden Sie niemals einen gefundenen, unbekannten oder ungeprüften USB-Stick oder einen anderen Wechseldatenträger (DVD,[1] externe Festplatte) mit einem produktiven Computersystem.*

8. Wenn sensible Daten auf einem mobilen Gerät gespeichert werden, dann verschlüsseln Sie Datenträger oder Daten mit der besten zur Verfügung stehenden Methode und lassen Sie das Gerät nicht unbeaufsichtigt.

9. Lassen Sie niemanden Ihre Computer anfassen, der die Meinung vertritt, man brauche keine Antivirenprogramme oder Firewalls.

10. Verbinden Sie keine kritische Infrastruktur mit dem Internet.

11. Sobald ein Rechner mit dem Internet verbunden ist, ist es essenziell, diesen durch professionelle Sicherheitssoftware und adäquate Hardware zu schützen und die Systeme regelmäßig zu aktualisieren.

12. Geraten Sie niemals in Streit mit Ihrem IT-Administrator. Falls Sie sich gezwungen sehen, ihn zu entlassen, zögern Sie damit keinen Augenblick und ändern Sie sofort alle relevanten Passworte und Zugangscodes.

13. Verhindern Sie jede Möglichkeit des Zugangs zu Computersystemen, Netzwerkkomponenten und zentralen Kommunikationsanlagen, insbesondere zu Firewalls und Routern durch unberechtigte Personen.

14. Verlassen Sie sich niemals ausschließlich auf die angebliche Sicherheit eines Betriebssystems.

15. Nutzen Sie eine technische Lösung, um die unautorisierte Nutzung mobiler Datenträger zu verhindern.

16. Wenn es notwendig ist, sensible Daten auf einem externen/mobilen Datenträger zu speichern, dann verwenden Sie nur Geräte mit einer ausreichend starken Verschlüsselung oder speichern Sie vorverschlüsselte Dateien auf einem Gerät.

17. Integrieren Sie niemals Telefonkomponenten in das Computernetzwerk, in dem Ihre Server und Clients kommunizieren.

---

[1] Digital Versatile Disc.

18. Öffnen Sie niemals mehr Kommunikations-Ports und Verbindungsmöglichkeiten in einer Firewall, als dies für geplante Verbindungen unbedingt erforderlich ist.

19. Verbinden Sie niemals eine kritische Infrastruktur mit dem Internet oder mit einem Telefonsystem, das über eine Internetverbindung verfügt.

20. Schützen Sie alle Komponenten und Geräte von Computer- und Telekommunikationsanlagen gegen unberechtigten Zugang und unautorisierte Zugriffe.

21. Vertrauen Sie hinsichtlich der Datensicherheit nicht darauf, dass sich Mitarbeiter an die Vorgaben des Unternehmens halten werden.

22. Zugriffsrechte sollten umfassend dokumentiert sein. Kein Mitarbeiter darf mehr Zugriffsrechte besitzen, als er benötigt, um seine betrieblichen/dienstlichen Aufgaben zu erfüllen.

23. Verwenden Sie nur sichere Methoden zur Datenlöschung.

24. Vergessen Sie keine Geschäftsgeheimnisse oder sensiblen Daten auf ausgesonderten Geräten.

25. Stellen Sie sicher, dass nicht nur Daten, sondern ein vollständiges System wiederhergestellt werden kann.

26. Testen Sie regelmäßig die Datensicherungen.

27. Bewahren Sie verschlüsselte Datensicherungen außerhalb der Büroräume auf.

28. Verwenden Sie nur komplexe Passwörter!

29. Für alle Anmeldeprozeduren sollte die Anzahl möglicher fehlgeschlagener Verbindungsversuche begrenzt sein.

30. Verwenden Sie niemals ein werkseitiges Standard-Passwort für ein System, das mit dem Internet verbunden ist.

31. Verwenden Sie niemals Systeme mit unsicheren Anmeldeverfahren, besonders wenn Sie mit dem Internet verbunden sind.

32. Sperren Sie immer die Konsole Ihres Computers, wenn Sie das Büro oder den Arbeitsplatz verlassen.

33. Aktivieren Sie den Passwortschutz im Bildschirmschoner Ihres Rechners, wenn nicht ausgeschlossen werden kann, dass andere Personen physikalischen Zugang zu dem System erlangen.

34. Beachten Sie, dass mitunter die Druckaufträge mehrerer Jahre auf internen Festplatten in Druckerstationen oder Multifunktionsgeräten gespeichert sein können. Das ist insbesondere wichtig, wenn Geräte an ein Leasingunternehmen zurückgegeben werden.

35. Die administrativen Rechte sind ausschließlich dafür gedacht, Systeme zu administrieren. Sie sollten in keinem Fall für die tägliche Arbeit am PC genutzt werden.

36. Verwenden Sie keine Nice-to-Have-Technologie. Gerade in sehr komplexen oder kritischen Infrastrukturen ist es häufig der beste Weg, Kommunikationssysteme nach konservativen Ansätzen zu planen und zu betreiben. Zu viel Innovation im Bereich der IT kann für ein Unternehmen existenzbedrohend werden.

37. Bevor Sie neue Technologien einsetzen, evaluieren Sie die Systeme eingehend und analysieren Sie diese insbesondere im Hinblick auf Sicherheitsprobleme.

38. Eine Firewall, die für professionelle Zwecke geeignet ist, kann die Gefahren neuer Technologien reduzieren.

39. Firewalls sollten immer dem Stand der Technik entsprechen.

40. Bitten Sie einen Experten, in Ihr System zu hacken, um die Datensicherheit zu verbessern. Geben Sie ihm aber zu diesem Zweck keinerlei Passwörter.

41. Verbinden Sie niemals einen Router mit dem Internet, wenn dieser nicht über eine professionelle Firewall verfügt oder eine entsprechende Firewall zusätzlich dazu vorhanden ist.

42. In größeren Organisationen und Unternehmen ist es sinnvoll, auch Netzwerksegmente (Abteilungsnetzwerke) durch Firewalls voneinander zu trennen.

43. Soweit Ressourcen oder Knowhow für den effektiven Einsatz von Sicherheitssystemen nicht im Unternehmen vorhanden sind, sollten Sie ein derartiges System durch zuverlässige externe Experten betreuen lassen.

44. Verlassen Sie sich bei der Auswahl von Sicherheitssystemen nicht auf die Aussagen des Marketings oder der Werbung.

45. Der Auswahl einer Sicherheitssoftware, die ohne zusätzlich eingekaufte Dienstleistungen betrieben werden soll, sollte daher immer eine umfassende Evaluation vorausgehen.

46. Für eine in Eigenregie verwaltete Sicherheitssoftware sollte ein umfassender Support sichergestellt sein. Dazu gehört insbesondere die Möglichkeit, dass Sie kurzfristig mit dem Support telefonisch Kontakt aufnehmen können.

47. Soweit eine komplexe IT-Infrastruktur vorhanden ist und dies möglich ist, sollten verschiedene Antiviren- und Schutzsysteme zum Einsatz kommen, die sich in mehrstufigen Prüfungen ergänzen.

48. Sie sollten Web-Server, die aus dem Internet erreichbar sind und im eigenen Unternehmen betrieben werden, stets in einem DMZ-Netzwerk oder zumindest außerhalb des zentralen Unternehmensnetzwerks unterbringen.

49. Ein Computervirus unterscheidet nicht zwischen Führungskraft und Mitarbeiter. Sie sollten daher stets dafür Sorge tragen, dass Sicherheitsrichtlinien des Unternehmens in gleicher Weise für alle Beschäftigten gelten.

Schlusswort

Herzlichen Glückwunsch! Sie haben das Ende der erweiterten zweiten Ausgabe dieser Publikation erreicht, auch wenn es eine Weile dauert, um sich in dieses überaus komplexe Thema einzulesen. Denken Sie aber bitte daran, dass dieses Buch nur eine kurze Einführung in das weite Feld der Datensicherheit bietet. Es wird Ihnen aber dennoch eine Hilfe sein, die zahlreichen Interaktionen in einem Konglomerat aus technischen Parametern besser zu verstehen, die berücksichtigt werden müssen, um ein hohes Maß an Datensicherheit zu realisieren. Gerade nach Inkrafttreten der Europäischen Datenschutzgrundverordnung kommen der Datensicherheit und dem Stand der Technik bedeutend mehr Aufmerksamkeit zu als zuvor. Allerdings entwickeln sich auch die Gefahren für Daten und Systeme stetig weiter.

Wenn sich durch die Lektüre diese Buchs Ihr Umgang mit Daten und Systemen geändert hat, dann empfehlen Sie es Ihren Freunden, Bekannten und Kollegen. Natürlich dürfen Sie auch gerne den Autor kontaktieren, wenn Sie Fragen zu Datensicherheit oder Datenschutz haben. Sie erreichen ihn über die folgende Webseite: www.it-planung.com

Erst wenn wir die Gefahren der IT-Nutzung kennen, können wir in geeigneter Weise handeln. Und letztlich schützen wir durch Maßnahmen der Datensicherheit und des Datenschutzes nicht nur Systeme und Daten, sondern unser aller Freiheit.

Rodalben, im März 2020

© Springer Fachmedien Wiesbaden GmbH, ein Teil von Springer Nature 2020   115
T. H. Lenhard, *Datensicherheit*, https://doi.org/10.1007/978-3-658-29866-1

Literatur

BSI2016-1 (2016) BSI-Grundschutz Maßnahmenkatalog, M 1.13, Bundesamt für Sicherheit in der Informationstechnik (GER)

Dausch M (2014) Netzwerke-Grundlagen. Bodenheim, Herdt-Verlag

DIRECTIVE 95/46/EC of the European Parliament and of the Council of 24 October 1995 on the protection of individuals with regard to the processing of personal data and on the free movement of such data

European Normative 50173-1:2011 about Information technology – generic cabling systems – part 1: general requirements

Garfinkel S (1996) PGP – pretty good privacy. Bonn, O'Reilly/International Thomson Verlag

Garfinkel S, Spafford G (1996) Practical unix & internet security, 2. Aufl. Bonn, O'Reilly & Associates. ISBN 1-56592-148-8

Greguš M, Lenhard TH (2012) Case study – virtualisation of servers in the area of healthcare-IT. (Erschienen in International Journal for Applied Management Science & Global Developments). Biblioscient Publishing Services, Birmingham

Hunt C (1995) TCP/IP Netzwerk Administration, 1. Aufl. O'Reilly International Thomson Verlag, Bonn (Translation of TCP/IP network administration. O'Reilly & Associates, 1992). ISBN 3-930673-02-9

Kurtz G, McClure S, Scambray J (2000) Das Anti-Hacker-Buch. MITP-Verlag, Bonn. ISBN 3-8266-4072-1

Lenhard TH, Kazemi R (2016) Cyberkriminalität und Cyberschutz für Rechtsanwälte und Mandanten. Deutscher Anwaltsverlag, Bonn. ISBN 978-3-8240-5776-4

Muench P (2010) Technisch-organisatorischer Datenschutz, 4. Aufl. DATAKONTEXT, Heidelberg, S 202. ISBN 978-3-89577-586-4

Rieger F (2011) Ein amtlicher Trojaner – Anatomie eines digitalen Ungeziefers. Frankfurter Allgemeine Zeitung.http://www.faz.net/aktuell/feuilleton/ein-amtlicher-trojaner-anatomie-eines-digitalen-ungeziefers-11486473.html. Zugegriffen am 09.10.2011

Schneier B (1996) Angewandte Kryptographie. Addison-Wesley, Bonn. ISBN 3-89319-854-7

© Springer Fachmedien Wiesbaden GmbH, ein Teil von Springer Nature 2020
T. H. Lenhard, *Datensicherheit*, https://doi.org/10.1007/978-3-658-29866-1

Weiterführende Literatur

http://www.britannica.com/EBchecked/topic/410357/protocol. Zugegriffen am 17.04.2017
http://www.dallasnews.com/news/news/2010/11/30/wikileaks-suspect-believed-to-have-used-cd-memory-stick-to-get-past-pentagon-security. Zugegriffen am 17.04.2017
http://ec.europa.eu/justice/data-protection/. Zugegriffen am 28.12.2016
http://heartbleed.com/. Zugegriffen am 12.01.2017
https://www.iana.org/assignments/service-names-port-numbers/service-names-port-numbers.txt. Zugegriffen am 31.03.2016
http://www.netzwerke.com/OSI-Schichten-Modell.htm. Zugegriffen am 31.03.2016

Stichwortverzeichnis

A

Abteilungsnetzwerk 93, 114
Abwasser 17, 20
Administratorrechte 80
Adressblöcke 14
Algorithmus 32, 70, 72
Antivirenprogramm 30, 35, 37, 46,
    100, 112
Antivirensystem 33, 36, 37, 46, 47
Anti-Virus (AV) 35
Arbeitskonsole 79
Ausspähen von Daten 39

B

Backdoor 43
Backup 66, 67, 68, 70
    inkrementelles 66
    Software 67
Bare-Metal-Recovery-Sicherung 67
Bedrohung 2, 15, 17, 21, 23–25, 27,
    35, 36, 63
Benutzerport 10
Betriebssystem 2, 10, 13, 28, 32, 33, 44, 53,
    61, 63, 67, 70, 79, 84,
    92, 96, 112

Kernel 43
Linux 60
Microsoft Windows 60
Papierkorb 60
Scheduler 30
Sicherheitslücke 34
Software 29
    veraltetes 29
Bildschirmschoner 79, 80, 113
Binärcode 11
Blitzschlag 23, 24, 55
Bombe, logische 37, 38, 55
Bot-Virus 35, 81
Brandschutz 4, 21
Bridge 41
Brute-Force-Angriff 71
Bundestrojaner 31
Bytes 11, 14
    Binärcode 11

C

Client 51, 97, 101, 106, 113
Command Shell 13, 33
Computerforensik 62
Computer Telephony Integration (CTI) 51

© Springer Fachmedien Wiesbaden GmbH, ein Teil von Springer Nature 2020
T. H. Lenhard, *Datensicherheit*, https://doi.org/10.1007/978-3-658-29866-1

Computervirus 5, 34, 66, 81, 108, 114
Content-Management-System 75, 76,
    106, 107
CTI-Lösung 42, 52
Cyberkriminalität 83

D
Data Encryption Standard (DES) 72
Data Link Layer 7
Datei 2, 8, 9, 30, 31, 38, 45, 48, 60–63
    unberechtigte Zugriffe 56
    Verschlüsselung 70
    vorverschlüsselte 48, 112
Daten
    Ausspähen 40
    Manipulation 16
    personenbezogene 4
    wiederherstellbare 61
    Zerstörung 16
Datenbank 21, 24, 39, 65, 66, 67, 75, 76
Datenbankmanagementsystem (DBMS) 67
Datenbankserver 24
Datendiebstahl 56
Datenlöschung 60, 62, 64, 113
Datenpaket 8–10, 39–41, 88, 92, 100
Datenschutz 1, 3, 19, 21, 55, 57,
    107–110, 115
    technische und organisatorische
        Maßnahmen 4
Datensicherheit 1, 2, 15, 21, 57, 60, 65, 69,
    75, 79, 83, 107, 109–111, 113–115
    Bedrohungen 15, 24
Datensicherung 16, 18, 19, 38, 63, 65–67, 113
    Überprüfung 68
Datenträger 112
Datenträger, speicherchipbasierter 63
Datenträgervernichtung 63
Datenverbindungsschicht 7
Datenverlust 16
Debug-Code 28
Demilitarisierte Zone VII
Detektor 20
Deutsche Gesetzliche Unfallversicherung
    (DGUV) 23

Dienste 9, 25, 32, 66, 84, 95, 96
    kontrollierte Abschaltung 24
    Portnummer 10
    webbasierte 75
Dienstleistungsunternehmen 82
DMZ-Netzwerk 114
Domänenkontroller 89
Domain Name Service (DNS) 12
Druckauftrag 80, 113
Druckaufträge 113
Druckerstation 80, 113

E
Ebene 6. *Siehe auch* Layer
E-Mail 16, 33, 34, 38, 46, 69, 72, 73, 84,
    85, 100, 101, 107, 108
    Anhänge 30
End-to-End-Verschlüsselung 72
Evaluation 114
ext3 60

F
Falltüralgorithmus 70
FAT32 60
Fehlerstrom 23
Festplatte 15, 31, 32, 41, 45, 60, 61, 63
    beschädigte 16
    externe 56, 112
    interne 80, 113
    Zerstörung 62
Feuer 21, 22, 55, 66
File Transport Protocol
    (FTP) 9, 70
FTP-Service 9
    Server-Dienst 9
Firewall 4, 34–37, 41, 43, 46, 51–53,
    71, 81, 82, 87, 89, 91, 93,
    96, 99, 101, 105, 106, 112–114
    Hardware 88
    Ports 42
    Router 92
    Sicherheitslücke 30
Formatierung 60, 61, 77

G
Gateway 42, 92
Gerät, mobiles 45, 47

H
Hacker 3, 16, 15, 17, 25, 30, 43, 50, 53, 55,
    61, 66, 70, 79, 104, 105
Head-Set 42
Hear Bleed Bug 28
Herbstlaub 34
Hex-Code 8
Hintergrundprozess 9
Hochfrequenztechnik 7
Hub 40
Hypertext Transfer Protocol (HTTP) 9
Hypertext Transfer Protocol Secure
    (HTTPS) 10

I
Identifizierung 10, 83, 84
Image-Sicherung 67
Informations- und Telekommunikationsan-
    lage (ITK)-Anlage 23
Infrastruktur 21, 23, 36, 37, 67, 82, 95,
    100, 113
  kritische 35, 53, 112, 114
Internet 1, 12, 30, 33, 36, 37, 41, 49–51, 53,
    72, 73, 80, 82–85, 88, 89, 91, 92,
    95–98, 104, 112–114
  Bedrohungen 23
  Browser 6
  Computervirus 5
  der Dinge 81
  Nutzung 2
  Protocol (IP) 6
  Provider 13
Internetkriminalität 2
Internet Protocol (IP) 49
  IP4 11
  IP6 14
  IP-Adresse 8, 10
  Nummernkreis 88
inurl 76

IP6. *Siehe auch* Internet Protocol
IP-Adresse, dynamische 85
ISO 9000 7
IT-Infrastruktur 114

K
Kernel 43
Keylogger 38, 39
Klimaanlage 21
Kommunikations-Port 53, 113
Kommunikationsstandard 2
Kryptographie 2, 69
Kupferleitung 23

L
Layer 6
Leasing 80, 113
Leckage 19, 20, 67
Löschen, sicheres 61
Logical Link Contral (LLC) 8
Login 70, 76, 89

M
MAC-Adresse 7, 8, 71, 85, 89
  Schreibweise 8
Mailanhang 30
Malware 16, 30–32, 38, 88
Manipulation 32, 47
Maßnahmen
  organisatorische 4, 21
  technische 4, 21
Maximalrecht 2, 65, 67, 81, 109
Media Access Control (MAC) 7
Mitarbeiter 36, 46, 55, 60, 67, 93, 99, 108,
    110, 113
  Datenschutz 57
  Datensicherheit 56
  private USB-Sticks 47
  Zugangsrechte 38
mobiler Datenträger 112
Monitoring-Tool 34
Multifunktionsgerät 80, 113

N
netstat 33, 34
Netzteil 15, 22
Netzwerk 2, 4, 7, 39–41, 42, 46, 51,
     53, 82, 88, 96, 97, 104,
     105, 106, 109, 112, 114
drahtloses 72
ID 12
illegales 81
internes 36
lokales 12
privates 92
Verteiler 22
Netzwerkadapter 7
Netzwerkadresse 8, 92
Netzwerkkarte 7, 41, 53
Netzwerkkennung 7
Netzwerksegment 12, 42, 82, 92, 93, 114
Netzwerkstecker 24
Netzwerkverkehr 39
Netzwerkverteiler 22, 40, 41
Nice-to-Have-Technologie 82, 114
Notfallplan 21
NTFS 60

O
Offline-Backup 68
Online-Datenbank 76
Online-Dienst 66
OSI-Schichtenmodell 6, 7, 9

P
Paket-Sniffer 39
Papierkorb 60, 61
Passwort 32, 38, 39, 41, 44, 50 68, 75, 76,
     79, 80, 89, 112–114
sicheres 71
verschlüsseltes 70, 77
Passwortschutz 80, 113
Physical Layer 7
Ping 13, 84
Pionierkäufer 82
Port 10, 12–14, 33, 39–41, 46, 50, 52, 89,
     96, 105, 113
Scanner 89

Portnummer 10, 12
Post Office Protocol (POP) 9
Pretty Good Privacy (PGP) 72
Produktionsanlage 82
Programmfehler 28
Programmierfehler 28, 29
Protokoll 6–10, 12, 49, 51
Proxy-Funktionalität 88
Proxy-Server 51, 100, 106, 108

R
Radio Frequency Identification (RFID) 24
Restrisiko 53
Router 42, 43, 53, 83, 85, 91, 93, 112, 114
Routing-Funktionalität 92
Routingtabelle 92

S
Sabotage 4, 20, 35, 63
Schadprogramm 5, 6, 30–33, 37, 96,
     105, 108
Schadsoftware 34, 36, 81, 96, 99, 105
Scheduler 30
Schichtenmodell 6, 7, 9
Schlüssel
öffentlicher 72
privater 72
Schutz personenbezogener Daten 3, 16
Secure File Transport Protocol VIII
Segmente 11, 14, 92
Sequenznummer 9
Server 2, 6, 9, 10, 13, 18, 20–22, 25, 30, 31,
     34, 39, 42, 46, 50–52, 56, 60, 61,
     63, 64, 68, 70, 81, 84, 88, 92,
     96–98, 100, 101, 104–107, 110,
     111, 112
Abschaltung 24
Datenbank 24
Havarie 67
im Internet 33
physischer Zugriff 110
Stromversorgung 19
virtueller 67
Serverraum 17, 18–21, 23, 43, 110, 111

Serverschrank 18–20
Serververzeichnis 63
Session Layer 7, 9
Sicherheitskonzept 57
Sicherheitslücke 29, 34, 36, 89, 104, 105
    in der Firewall 30
Sicherheitsniveau, hohes 53
Sicherheitsrichtlinie 114
Sicherheitssoftware 114
Sicherheitssysteme 114
Sicherheits-Update 53, 81
Simple Mail Transfer Protocol
    (SMTP) 9
Skript 30, 37
Smartphone 6, 47, 81
Sniffer 40–43, 53
Socket 10, 12, 13
Software, gefährliche 27
Softwaresystem 28, 33, 35, 56
Solid State Disc (SSD) 63
Speichergerät, netzwerkbasiertes 18
Speichersegment 61
Spionage 4, 35, 45
Sprachpaket 42
SPX/IPX 6
SQL-Abfrage 42
SSD 47
SSL 72
Standard-Gateway 92
Standard-Passwort 75, 76, 113
Stand der Technik 40, 47, 72, 114, 115
Steckdosenleiste 22
Stoned-Virus 34
Stromausfall 24, 25
Stromstärke 23
Stromversorgung 19, 22, 25
    unterbrechungsfreie (USV) 19,
        22, 24, 112
    unterbrechungsfreie Stromver-
        sorgung 112
Structured Query Language (SQL) 76
Subnetzmaske 11, 12
Support 114
Switch 39–41
Synchronisation, fehlertolerante 9
Systemadministrator 43, 80
Systemaktualisierung 29, 36, 92, 97

T
TCP/IP 6, 51
TCP-Paket 9, 39
technische Lösung 112
Telecommunication Network
    Protocol (TNP) 9
Telefonanlage 18, 19, 49, 52, 53, 111
    Firewall 51
    Inbetriebnahme 42, 50
    IP-basierte 42
Telefonnetzwerk 52
Telefonsystem 19, 49, 50, 51, 53, 113
Telnet (TNP) 9, 11
TLS 72
Transmission Control Protocol (TCP) 8
Transportschicht 8
Trojaner 29, 30, 31, 33, 34, 38, 46,
        47, 80, 81
Trojanisches Pferd 31. *Siehe auch* Trojaner

U
Überschwemmung 17, 19
Universal Serial Bus (USB) 31
    Festplatten 45
    USB-Stick 31, 45, 112
Unternehmensnetzwerk 114
Update 92, 97, 104
URL-Adresse 30
URL-Pfad 76
User Port 10

V
Verbindungskontrolle 34
Verschlüsselung 2, 47, 48, 69, 70, 73, 112
    asymmetrische 71
    Stand der Technik 72
Virtual Private Network (VPN) 70, 92
Virus 6. *Siehe auch* Computervirus
Voice over IP 42, 49
    Telefonanlage 50

W
Wasser 17, 19–21, 55, 66, 67
Wassermelder 20

Web-Browser 12
Web-Server 114
Webseite 3, 6, 12, 13, 30, 75, 84, 88, 106, 107
    IP-Adresse 12
    Login 76
Wechseldatenträger 31, 46, 112
Wiederherstellung 61, 67
Wiederherstellungstest 68
Wireshark 39, 40, 42
WLAN-Router 85, 91
World Wide Web 36

Z
Zerstörung von Daten 60
Zugang 30, 31, 35, 41, 50, 53,
    84, 110–113
    freier 1
    physikalischeer 80
    unbefugter 43, 54
    unberechtigter 113
Zugangscode 38, 112
Zutritt, unbefugter 43, 54

Ihr Bonus als Käufer dieses Buches

Als Käufer dieses Buches können Sie kostenlos das eBook zum Buch nutzen.
Sie können es dauerhaft in Ihrem persönlichen, digitalen Bücherregal
auf **springer.com** speichern oder auf Ihren PC/Tablet/eReader downloaden.

Gehen Sie bitte wie folgt vor:

1. Gehen Sie zu **springer.com/shop** und suchen Sie das vorliegende Buch
   (am schnellsten über die Eingabe der eISBN).
2. Legen Sie es in den Warenkorb und klicken Sie dann auf:
   zum Einkaufswagen/zur Kasse.
3. Geben Sie den untenstehenden Coupon ein. In der Bestellübersicht wird
   damit das eBook mit 0 Euro ausgewiesen, ist also kostenlos für Sie.
4. Gehen Sie weiter **zur Kasse** und schließen den Vorgang ab.
5. Sie können das eBook nun downloaden und auf einem Gerät IhrerWahl lesen.
   Das eBook bleibt dauerhaft in Ihrem digitalen Bücherregal gespeichert.

EBOOK INSIDE

eISBN	978-3-658-29866-1
Ihr persönlicher Coupon	5WWfKjgMfYtjKQ3

Sollte der Coupon fehlen oder nicht funktionieren, senden Sie uns bitte
eine E-Mail mit dem Betreff: **eBook inside** an **customerservice@springer.com**.

Printed by Printforce, the Netherlands